노회찬과 함께 읽는 조선왕조실록

노회찬과 함께 읽는

조선왕조실록

노회찬 지음

일빛

노회찬과 함께 읽는 조선왕조실록

펴낸곳 도서출판 일빛
펴낸이 이성우
지은이 노회찬

등록일 1990년 4월 6일
등록번호 제10-1424호

초판 1쇄 발행일 2004년 7월 27일
초판 9쇄 발행일 2018년 8월 27일

주소 03993 서울시 마포구 동교로27길 12 동교씨티빌 201호
전화 02) 3142-1703~4 팩스 02) 3142-1706
전자주소 ilbit@naver.com

값 9,800원
ISBN 89-5645-052-8 (03900)

※ 잘못된 책은 바꾸어 드립니다.

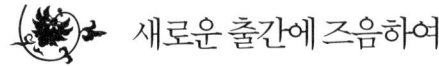 새로운 출간에 즈음하여

　이 책은 『조선왕조실록』에 대한 안내서이자 『조선왕조실록』을 읽고 있는 저자의 독후감이다.
　7년 전 이 책이 처음 출간된 후 많은 독자와 언론으로부터 짧은 기간에 분에 넘치는 많은 호응을 얻었다. 그러나 출판사와 약속한 2권의 출간은 저자의 사정으로 지켜지지 못하였다. 최근 출판사의 제안을 받아들여 일부 내용을 변화한 현실에 맞게 수정한 새로운 판을 내기로 하였다. 제호 역시 이번에도 출판사에 일임하였다.
　우리가 '과거'를 읽는 진정한 이유는 '현재'와 '미래'를 위해서이다. 7년 전 '과거'를 읽으면서 바라보았던 '현재'는 7년 후인 지금에도 크게 달라지지 않았다. 그럼에도 불구하고 우리가 변화시킬 수 있는 것은 여전히 '현재'와 '미래'일뿐이다. 그래서 그것이 시지프스의 노력처럼 반복될지라도 '과거'를 계속 읽을 수밖에 없다.
　'현재'는 물론 '미래'까지 변화시킬 수 있다는 희망을 갖고서.

2004년 7월 여름

글머리에 —— 조선 시대의 블랙박스를 열며

　　조선 시대에는 왕이 승하하면 임시로 실록청을 설치하고 전대 왕의 실록을 편찬했다. 이 때 이용된 자료는 춘추관 시정기(정부 각 기관이 보고한 문서), 사초(전대 왕 재위 때 사관들이 작성한 기록), 승정원 일기, 의정부 등록, 비변사 등록, 일성록 들이었다.

　　이렇게 해서 만들어진 실록은 조선 태조 때부터 철종에 이르기까지 25대 472년 동안의 기록을 담고 있다. 이를 일컬어 『조선왕조실록』이라 부른다. 오늘날 국보 151호로 지정되어 있다. 한편 1907년 일본과 친일 세력의 강요로 왕위에서 물러난 고종과 1910년 한일 합방으로 물러난 순종의 실록은 일본인들이 1935년에 만들었다.

　　『조선왕조실록』의 원본은 한문으로 쓰여졌는데 모두 1,893권에 이른다. 1993년에 완료된 한글 번역본(한국판)은 모두 413권이다. 이 한글 번역본을 단 3장의 디스크에 담은 CD-ROM 타이틀이 1995년에 출판되기도 했다.

　　『조선왕조실록』은 우선 그 양이 방대한 만큼, 조선 시대의 사정을 가장 풍부하게 알려 준다. 물론 왕과 조정을 중심으로 기록했기 때문에 백성들의 밑바닥 삶을 제대로 담아 내지 못한 근본적인 한계를 갖고 있기는 하다. 그러나 역대 왕조의 기록을 이만큼이나마 집대성했다는 의미에서 중요한 문화유산이 아닐 수 없다. 그렇기 때문에 『조선왕조실록』은 오늘날 많은 역사가들과 문학가들에게 연구와 창작, 그리고 상상력의 보고로 애용되고 있는 것이다.

『조선왕조실록』은 시대순으로 그리고 날짜별로 기록되어 있는데, 가장 큰 특징은 그것이 형식적인 일지가 아니라는 점이다. 무엇보다도 사실을 객관적으로 기록한다는 취지에 따라 왕이 승하한 뒤 후대에 완성토록 했다. 그러니까 자신의 실록을 본 왕은 있을 수 없었다.

한편 사관을 두어 왕의 언행을 가까이에서 기록해 사초로 남기게 했다. 이 사초는 나중에 실록을 작성할 때 중요 자료가 되었다. 따라서 이 사초 또한 왕이 볼 수 없는 것이 원칙이었다. 뿐만 아니라 이미 만들어진 선대 왕의 실록을 보는 것도 금지되었다. 조선 초기에 실록과 사관 제도를 정립하는 과정에서나 연산군과 같은 폭군의 재위 때에는, 실록과 사초의 열람 금지 원칙이 다소 시련을 겪기도 했다.

태조 1년(1393) 3월 23일 왕과 신하들의 대화는 사관에 대한 왕의 인식 변화를 짐작케 한다.

임금이 신하들에게 물었다.
"어제 사냥하는 곳에 사관이 따라온 것은 무슨 까닭인가?"
모두 대답했다.

"사관의 임무는 그때 그때 일어난 일들을 기록하는 것입니다. 하물며 임금의 거동이겠습니까?"

한 신하가 앞으로 나아가서 말했다.

"임금은 구중궁궐에 있으니 날로 경계심이 풀리고 날로 게으른 마음이 생겨납니다. 그래도 누가 말릴 수 있겠습니까? 그러므로 임금은 오직 하늘과 역사를 두려워할 뿐입니다."

임금이 말했다.

"왜 그런가?"

신하가 대답했다.

"하늘은 형상이 없으나, 착한 것은 복을 주고 음란한 것은 화를 줍니다. 또한 역사는 정치의 좋고 나쁜 것과 행동의 잘잘못을 곧게 기록하고 만세에 전하니, 효자나 자손이 마음대로 고치지 못합니다. 그러니 두려운 일이 아닙니까?"

임금이 말했다.

"그렇다."

신하가 또 말했다.

"비록 사관에게 임금을 뵙지 못하게 한다 하더라도, 다섯 승지가 모두 춘추관을 겸하기 때문에 임금의 모든 일거수 일투족을 기록합니다."

임금이 처음에는 그것을 알지 못하고, 늘 가까이 있기 때문에 자못 소홀히 여겼다. 그러나 이때부터 언행을 더욱 겸손하고 조심스럽게 했다.

비록 사관 제도를 받아들인다 해도, 늘 가까이에서 자신의 언행을 빠짐없이 사초에 기록하는 사관은 왕에게 부담스러운 존재일 수밖에 없었다. 왕 가까이 두 사람의 사관을 두어 좌측의 사관은 왕의 행동을, 그리고 우측의 사관은 왕의 발언을 기록했다. 이같은 제도는 세종 때부터 시행된 것이다. 조선 시대 왕들의 사관에 대한 태도는 조금씩 다르지만, 가장 대조적인 경우는 세조와 연산군이다. 세조 2년(1457) 8월 23일의 기록을 보자.

왕이 사정전에 나아가니, 화천군 권공·우승지 조석문·좌부승지 윤자운·우부승지 한계미·동부승지 권지·승문원 교리 홍일동·사관 김이용 들이 왕을 모셨다. 왕이 김이용에게 술을 올리도록 명하고 말했다.
"나의 잘못하는 바를 네가 지적할 수 있느냐?"
김이용이 대답했다.
"옳은 말로 충고를 드리는 것은 소신의 임무가 아니기 때문에, 황공해 말을 못합니다."
임금이 조석문을 돌아보며 말했다.
"사관의 말에 대한 너의 생각이 어떠하냐?"
조석문이 대답했다.
"위로 공경(公卿)으로부터 아래로 모든 집사관에 이르기까지 누구나 임금의 잘못을 다 말할 수 있습니다."
임금이 말했다.
"승지의 말이 옳다. 사관이 실언한 듯하다."
임금이 술로써 벌을 주라고 명하고 말했다.

"나의 잘잘못은 만인의 눈이 지켜 보는 것이니 숨길 수 없다. 사관은 마땅히 사실대로 자세히 기록해야 한다. 앞으로는 내가 무술을 배울 때에 반드시 사관을 두 사람 갖추어라. 한 사람에게 사고가 생기면 미처 자세히 기록하지 못할까 염려하는 것이다. 너희 승지들 또한 반드시 다 기록하라. 일을 기록하는 우리나라 글이 중국의 글에 미치지 못하고 있다. 그러나 다만 사실을 빠뜨리지 말고 글을 만들되, 서툰 것은 꼭 염려할 것이 아니다."

한편 연산군의 태도는 거칠 것 없는 세조의 태도와 상반되었다. 연산군 12년(1506) 7월 9일의 「연산군일기」에 나오는 왕의 발언을 들어 보자.

임금이 하는 일을 기록하지 않을 수는 없다. 하지만 하늘이 하는 바를 어찌 사람이 논할 수 있으며, 임금이 하는 일을 어찌 신하가 시비할 수 있겠는가.
옛말에 이르기를 "글을 다 믿는다면 글이 없는 것만 못하다"고 했다. 그러므로 『춘추』에 기록된 글 또한 다 믿을 수 없다. 그래서 전에 이미 사관에게 임금의 과실은 기록하지 못하게 했노라.

「선조실록」은 광해군 때 북인들이 권세를 잡았을 무렵 만들어졌다. 그런데 북인들을 일방적으로 좋게 기록했다고 해, 나중에 권세를 잡은 서인들이 이번에는 그들의 관점을 살려 「선조 수정 실록」이라는 개정판을 낸 일이 있었다. 또한 「단종실록」, 「연산군일기」, 「광해군일기」 같은 쫓겨난 왕의 실록은, 쫓아낸 왕의 재위 기간에 만들었기 때문에 전대 왕에 대해 편파적으로 기록할 가능성도 없지 않았다. 그런데도 수많은 견제와 경계 속에서 사초는 작성되었고, 『조선왕조실록』은 완성되어 갔다.

　이처럼 『조선왕조실록』은 비행기의 블랙박스와 같은 의미를 지니고 있다. 1983년 소련 영공에서 KAL 항공기 한 대가 소련 전투기에 격추되어, 수백 명의 인명이 차가운 사할린 앞바다에 떨어졌다. 왜 KAL 기가 소련 영공을 장시간 비행했는지, 소련 전투기는 이 비행기가 비무장 민간 항공기임을 알았는지, 또한 사전 경고는 없었는지 하는 사건의 실상은 15년이 지난 오늘까지도 밝혀지지 않고 있다. 비행기의 항로 변경과 조정기 조작 상황 그리고 조종사들 사이의 대화 기록 따위를 담은 블랙박스가 발견되지 않았기 때문이다. 이 블랙박스가 발견되지 않는 한, 이 사건의 진실은 영원히 묻혀질지도 모른다. 반면 오늘날 우리가 이만큼이라도 조선 왕조 오백 년의 진실을 알 수 있는 것은, 조선 왕조의 블랙박스인 『조선왕조실록』이 있기 때문이다.

　오늘날 대통령은 조선 시대의 왕보다 권한이 더 작고 재임 기간도 더 짧다. 그래서 정권도 몇 차례 바뀌었지만 우리에겐 실록도 없고 사관도 없다. 말하자면 이 시대에는 블랙박스가 없는 것이다. 정권이 바뀔 때마다 비리니 의혹이니 특별 검사제 도입이니 하는 소리가 높다. 또한 청문회가 열리고 전직 대통령이 구속까지 되는 사태가 일어났지만, 진실이 다 밝혀졌다고 생각하는 사람은 없다. 이러한 혼란은 『조선왕조실록』과 같은 블랙박스가 없기 때문이 아닐까?

청와대에는 대통령의 공식 일정과 주요 발언을 기록하는 통치 사료 담당관이 있다고 한다. 그러나 이 담당관이 작성한 '통치 사료'는 대통령이 퇴임할 때 가져가는 기념품일 뿐이다. 또한 통치 사료 담당관이 조선 시대의 사관과 같은 역할을 하는 것도 물론 아니다.

만일 조선 시대처럼 사관이 있어서 대통령의 일거수일투족을 기록하고 사초를 작성한다면 어떨까. 그러면 우리는 비리니 국정 조사니 하여 사회 전체가 떠들썩해지는 혼란을 피하고 차분히 진실을 대할 수 있을 것이다. 무엇보다도 사관이 지키고 서 있다면, 의혹을 살 일은 처음부터 피할 수 있을 것이다. 역사를 두려워하지 않는 사람은 드물기 때문이다. 역대 정치사의 많은 잘못들은, 국민은 물론 역사마저도 속일 수 있다는 만용에서 시작되었기 때문이다.

그래서 『조선왕조실록』은 오늘의 우리에게 충고하고 있다.
"너희도 실록을 써라!"

차 례

새로운 출간에 즈음하여
글머리에 —— 조선 시대의 블랙박스를 열며

1장 조선 시대에는 남편도 육아 휴가를 받았다

세종대왕의 두 번째 며느리는 레즈비언이었다 • 19
이동식 러브 호텔을 만든 연산군 • 23
임진왜란 때 흑인 병사가 참전했다 • 25
물증이 없으면 존속 살인도 무죄 • 27
신문고는 정말 아무나 칠 수 있었을까? • 29
숙종 때는 사람 고기도 먹었다 • 32
근친 혼인이 성행해 문제가 된 한강 가운데의 섬 • 34
한여름 최고의 사치품은 얼음 • 36
에누리의 원래 뜻은? • 39
서울 인구는 2백 년 전에도 세계 수준이었다 • 41
최초의 직장 여성 —— 의녀와 여형사 다모 • 43
죽어서 왕이 된 사람들 • 48
예종은 열한 살에 아들을 낳았다 • 50
연산군 때 공무원은 말조심 팻말을 목에 걸었다 • 51
명나라 황제의 사위 될 뻔한 양녕대군 • 53
세종 대신 양녕대군의 장남이 왕이 될 뻔했다 • 57
세종대왕의 건강 진단서 • 59
일급 비밀 —— 조선의 화약 성능 • 61
일본 사신들이 서울에서 단식 투쟁을 벌인 까닭 • 66
조선 시대의 가장 아름다운 기생은? • 71
조선 시대에는 남편도 육아 휴가를 받았다 • 73
부모의 은혜는 가볍다! • 76

2장 임금도 감추고 싶었던 사생활이 있었다

낙타를 수입하지 않은 세 가지 이유 • 81
귀걸이를 한 남자들 • 84
가발과의 전쟁, 누가 이겼나? • 86
조선 시대 학생 데모의 구호 소리 "아이고, 아이고" • 90
비겁한 사대부와 절개 지킨 여인들 • 94
첩을 둘 수 있는데 웬 이혼? • 97
칠거지악에도 예외가 있었다 • 100
나이 90이 되면…. • 102
잘 나가는 기생이 1천 명 ── 흥청망청의 어원 • 104
남자면서 여자였던 사방지 스캔들 • 106
고자 검사에서 걸려 처형된 내시 • 109
제주도에서 생을 마감한 광해군 • 112
성공한 반정은 처벌될 수 없다? • 115
철종이 강화도에 살았던 내력 • 117
세조와 세종, 누가 높은가? • 120
세종대왕도 자신이 세종인지 몰랐다 • 122
평균 23살에 왕이 되어 46살에 죽었다 ── 왕들의 기록 대행진 • 123
대원군은 모두 3명이었다 • 125
장남이 왕이 된 확률은 26% • 127
임금도 감추고 싶었던 사생활이 있었다 • 128
은으로 만든 사다리를 타고 남대문을 넘은 중국 사신 • 131
조선군 조총 부대의 러시아 정벌 • 133
초당 두부를 만든 허균의 아버지 • 137
허난설헌은 국제적 베스트셀러 작가 • 140
홍길동은 실존 인물이었다 • 143
『홍길동전』을 쓴 풍운아 허균이 능지처참당한 이유 • 146

3장 조선 시대에 공무원은 결근하면 곤장을 맞았다

안마를 세게 해 반역자 된 시녀 • 153
나는 술을 마시지 않았다! —— 영조 • 155
뇌물 주고 왕이 된 광해군 • 158
왕의 일은 기록하지 말라 • 161
왕은 임진왜란이 일어난 것을 나흘 뒤에야 알았다 • 164
임진왜란 때 경복궁은 백성들이 불살랐다 • 167
거머리로 종기를 치료했다? • 170
파주로 서울이 옮겨질 뻔했다 • 172
조선 상류 계급의 혼외 정사 • 175
장녹수의 치마를 밟았다고 목이 잘리다 • 179
장희빈과 장녹수, 누가 더 실세였나? • 180
현장만 들키지 않으면 간통도 무죄 • 182
조선 시대에 공무원은 결근하면 곤장을 맞았다 • 185
성만 같아도 결혼 못했다 • 187
왕서방에게 담배 팔아 먹은 조선 사람들 • 189
마패 차면 다 암행어사인가? • 193
살인에도 정상 참작이 있었다 • 195
조선에는 왜 역마차가 없었을까? • 200
사치품 밀수로 사형당한 공무원 • 204
화냥년에 얽힌 애절한 사연 • 207
왕의 건강 상태는 국가 기밀이다 • 212
거북선을 처음 만든 사람은 이순신이 아니다 • 214
이성계는 고려의 마지막 왕이었다 • 217
"임꺽정은 무죄다!" ——「명종실록」 • 220
내가 재수했다는 사실을 아무에게도 알리지 말라 —— 이순신 • 222
독도를 찾아 헤맨 사람들 • 225

4장 청와대보다 높은 곳은 황와대

세종대왕의 못 말리는 맏며느리 • 233
코끼리 사육에 전국이 쩔쩔매다 • 237
임진왜란은 조선과 일본이 짜고 일으켰다? • 240
사육신의 처자식은 그 뒤 어떻게 되었나? • 242
장녹수는 미인이 아니었다 • 244
변계량 잡아먹을 뻔한 누이동생의 바람끼 • 248
38명의 고관을 정부로 둔 서울 시장의 딸 • 250
2대에 걸친 자유부인, 어을우동 모녀 • 252
술잔은 성균관 학생들의 야간 통행증 • 255
이순신 장군은 김치 맛을 못 보았다 • 257
호랑이 잡은 아이와 백성 잡는 호랑이 사냥 • 259
조선 시대 최대의 하수도 공사 • 262
한강에서 남대문까지 배 타고 다닐 뻔했다 • 266
호패에는 사진 대신 무얼 적었을까? • 269
왕비의 옷값은 얼마일까? • 273
정종은 살아남기 위해 골프를 쳤다 • 275
연산군이 지은 막걸리 찬가 • 277
전(全)씨, 옥(玉)씨, 전(田)씨가 모두 한 가족인 이유 • 279
이성계는 신라 왕족의 후손이었다 • 281
위화도회군은 조선판 12 · 12 쿠데타 • 283
청와대보다 높은 곳은 황와대 • 286
화장실에 낙서해 『조선왕조실록』에 오른 사람 • 289
이젠 아무도 선죽교를 건널 수 없다 • 291
울릉도 영토 분쟁 • 294

01

조선 시대에는 남편도 육아 휴가를 받았다

남편이 육아 휴가를 받는 것은 해외 토픽에나 나오는 선진국 얘기인가? 세계 최초의 남자 육아 휴가 제도를 실시한 것은 조선 시대 세종대왕이었다. 출산 휴가가 지금보다 많았던 내력도 알아 보자.

 세종대왕의 두 번째 며느리는 레즈비언이었다

조선 시대에도 레즈비언이 있었을까? 그들은 어떤 처벌을 받았는가? 세종대왕은 이 물음에 대한 최고위 증언자다. 세종 18년(1436) 10월 26일의 「세종실록」은 전한다.

내가 늘 듣건대 시녀와 종비 들이 사사로이 서로 좋아해 동침하고 자리를 같이 한다고 하므로, 이를 아주 미워해 궁중에 금지령을 엄하게 내렸다. 어기는 사람이 있으면 이를 살피는 여자 내관이 아뢰어 곤장 70대를 집행하게 했고, 그래도 그만두지 못하면 곤장 1백 대를 더 집행하기도 했다. 그런 뒤에야 그 풍습이 조금 그치게 되었다.

그런데 세종의 맏아들인 문종의 첫 번째 부인 김씨가 폐출된 뒤, 세자빈이 된 봉씨가 동성연애 행각을 벌이다 발각된 것이다. 말하는 것조차 수치스럽다면서 세종은 입을 연다.

요사이 듣건대, 봉씨가 궁궐의 여종 소쌍이란 사람을 사랑해 늘 그 곁을 떠나지 못하게 하니, 궁인들이 가끔 서로 수군거리기를, "빈께서 소쌍과 늘 잠자리와 거처를 같이 한다"고 했다.

어느 날 소쌍이 궁궐 안에서 청소를 하고 있는데 세자가 갑자기 묻기를, "네가 정말 빈과 같이 자느냐"고 하니 소쌍이 깜짝 놀라서 대답하기를, "그러하옵니다" 했다.

소쌍이 또 권승휘(세자의 세 번째 부인)의 개인 노비인 단지와 서로 좋아해 이따금 함께 자기도 했는데, 봉씨가 자신의 개인 노비인 석가이를 시켜 늘 그 뒤를 따라다니게 해 단지와 함께 놀지 못하게 했다. 전에는 봉씨가 새벽에 일어나면 늘 시중드는 여종들로 하여금 이불과 베개를 거두게 했는데, 자기가 소쌍과 함께 동침하고 자리를 같이 한 뒤로는, 다시는 시중드는 여종을 시키지 않고 자기가 이불과 베개를 거두었으며, 또 몰래 그 여종에게 그 이불을 세탁하게 했다.

이러한 일들이 궁중에서 자못 떠들썩한 까닭으로, 내가 중전과 함께 소쌍을 불러서 그 진상을 물으니 소쌍이 말하기를, "지난해 동짓날에 빈께서 저를 불러 내전으로 들어오게 하셨는데, 다른 여종들은 모두 지게문 밖에 있었습니다. 저에게 같이 자기를 요구하므로 저는 이를 사양했으나, 빈께서 윽박지르므로 마지못해 옷을 반쯤 벗고 병풍 속에 들어갔습니다. 그랬더니 빈께서 저의 나머지 옷을 다 빼앗고 강제로 들어와 눕게 해, 남자와 교합하는 형상과 같이 서로 희롱했습니다" 했다.

이에 내가 세자빈을 직접 불러 이 사실을 물으니 빈이 대답하기를, "소쌍이 단지와 함께 늘 사랑하고 좋아해, 밤에만 같이 잘 뿐 아니라 낮에도 목을 맞대고 혓바닥을 빨았습니다. 이것은 곧 저희들이 하는 짓이오며 저는 처음부터 동침한 일이 없습니다" 했다. 그러나 여러 가지 증거가 아주 명백하니 어찌 끝까지 숨길 수 있겠는가. 또 저들이 목을 맞대고 혓바닥을 빨았던 일을 어찌 빈이 알 수 있겠는가. 늘 그 일을 보고 부러워하면 반드시 그 형세를 본받아 이를 따라하게 되는 것은 더욱 의심할 여지가 없다.

세종대왕의 고백에 따르면 두 번째 며느리 봉씨는 여러 면에서 사고 뭉치였다. 임신했다고 거짓말을 해 궁중을 한번 뒤집어 놓는가 하면, 세종이 『열녀전』을 배우도록 하자 "내가 어찌 이것을 배운 뒤에 생활하겠는가" 하며 며칠만에 책을 뜰에 던져버렸다. 또 시녀들의 변소에 가서 벽 틈으로 일보는 사람을 엿보는가 하면, 궁궐 여종에게 자신이 지은 남자를 사모하는 노래를 부르게 했다. 또 술을 즐겨 늘 방안에 술을 준비해 두고는 큰그릇으로 연거푸 마셔 몹시 취하기를 좋아했다. 그리하여 어떤 때는 시중드는 여종에게 업혀 뜰 가운데로 다니게 하고, 또 어떤 때는 술이 모자라면 사사로이 친정 집에서 가져와서 마시기도 했다.

세자빈 자리에서 쫓겨난 봉씨는 친정아버지에 의해 죽임을 당했고 친정 아버지 역시 자결했다.

동성애자들의 오늘도 크게 다르지 않다. 우리 사회에서 이들에 대한 사회적 반감과 차별은 서양보다 더욱 심하다. 피부색과 국적이 다르다는 이유로 차별받아선 안 되듯이, 성적 지향(동성애 또는 이성애)이 다르다는 이유로 차별하지 말라는 이들의 외침은 아직은 절규에 가깝다. 서로 다른 사람들이 함께 평화롭게 살기 원한다는 취지에서 만든 무지개 빛깔의 동성애자 깃발은 그래서 더욱 애처롭게 보인다.

이동식 러브호텔을 만든 연산군

연산군은 1494년 성종이 죽자 왕위를 계승했다. 왕이 된 연산군이 가장 먼저 한 일은 사슴을 죽여 불고기 파티를 연 것과 자신의 스승 조자서를 죽인 일이었다. 연산군이 죽인 사슴은 선왕인 성종이 아끼던 것으로, 그전에 연산군이 이 사슴을 발로 걷어차는 바람에 왕으로부터 야단을 맞은 일이 있었다. 또 조자서는 연산군의 선생 가운데 가장 엄격하게 연산군을 지도했던 사람이었다.

연산군은 절대 권력이던 왕권의 힘으로, 타락한 인간이 할 수 있는 모든 악행과 패륜을 저질렀다고 해도 지나치지 않다. 사냥 놀이를 위해 민가를 쓸어버리고, 창덕궁에서 노는 것이 보일지 모른다 해 남산 밑의 집들을 철거했다. 전국 각지에서 매와 사냥개를 거둬들여 궁중에서 키우는가 하면, 말과 당나귀도 계속 거둬들이고 궁궐 뒤뜰에서 동물들의 교접 광경을 시녀들과 즐기기도 했다. 수천 명의 처녀들을 잡아들여 노리개로 삼는가 하면, 사대부의 부인은 물론 종친까지도 범하는 패륜을 일삼았다.

연산군의 하루하루는 사람 죽이기 아니면 궁녀들과 노는 것이었다고 「연산군일기」는 적고 있다. 노는 방식도 상식을 뛰어넘기 일쑤였는데 예컨대 이런 식이다.

왕이 경복궁에 이르러 대비에게 잔치를 드리고, 잔치가 끝나자 말 1천여 필을 들이게 해 흥청을 싣고 탕춘대에 가, 상궁 나인과 길가에서 간음을 했다.

연산군은 이처럼 길가에서 간음하는 데 쓰기 위해 아예 이동식 러브호텔을 지어 행차 때는 가지고 다니기도 했다. 1505년 6월 18일의 「연산군일기」를 보자.

왕이 궁중에 방을 많이 두어 음탕한 놀이를 하는 곳으로 삼았다. 또 작은 방을 만들어서, 언제나 밖으로 나가 즐길 때면 사람들을 시켜서 들고 따르게 했다. 비록 길가일지라도 흥청과 음탕한 놀이를 하고 싶으면 문득 이것을 설치하고서 들어갔다. 그 방을 이름 붙여 '거사(擧舍)'라 했다.

거사란 '들고 다니는 집'도 되거니와 '일을 저지르는 집'이란 뜻도 될 것이다. 이동식 러브호텔의 이름치고는 운치가 있다고나 할까? 그러나 거사에서 놀던 연산은 바로 10개월 뒤에 진짜 거사(擧事)를 만나 쫓겨나게 됐다. 그것이 바로 중종반정이다.

 ## 임진왜란 때 흑인 병사가 참전했다

　　우리나라 사람들이 흑인을 주변에서 흔히 보게 된 것은 한국전쟁에 미국이 참전하면서부터다. 19세기 말에 조선에 온 미국의 군함과 상선에도 흑인이 타고 있었을 가능성이 있다. 태조 3년(1395) 7월 5일 「태조실록」은 조선에 온 최초의 흑인을 소개하고 있다.

　　섬라국(오늘의 태국) 사신 장사도가 조선에 왔다. 장사도가 말했다.
　　"작년 12월에 회례사 배후와 함께 일본에 이르렀다가, 도적에게 겁탈당해 예물과 행장이 모두 타버렸습니다. 다시 배 한 척을 꾸며 주시면 올 겨울을 기다려서 본국에 돌아가겠습니다."
　　왕이 그를 앞으로 나오라고 하자, 그는 왕에게 칼과 갑옷과 구리 그릇과 흑인 두 사람을 바쳤다.

　　한편 전쟁에 참가한 흑인도 있었다. 선조 31년(1598) 5월 26일 왕은 임진왜란에 참전한 명나라 군사들을 위로하기 위해 명나라의 장수 팽신고의 처소를 방문해 술자리를 베풀었다. 팽신고는 명나라 권문세가의 자식인데 평소 탐욕스럽기로 악명 높았다. 조선에 구원군 장수로 왔는데도 한편으로는 철 무역을 하기도 했다. 이 자리에서 팽신고는 자신의 군대에 얼굴 모습이 다른 신병(神兵)이 있다면서 왕에게 보게 했다. 그 신병은 파랑국(포르투갈) 사람이며, 파랑국은 바다 셋을 건너야 있는데 조선과의 거리는 15만 리 정도 된다는 것이다.

선조는 먼 나라에서 온 신병을 보게 되어 감격했다. 사관은 신병의 모습에 대해 이렇게 기록하고 있다.

> 이름은 해귀(海鬼)다. 노란 눈동자에 얼굴빛은 검고 사지와 온몸도 모두 검다. 턱수염과 머리카락은 곱슬이고 검은 양모처럼 짧게 꼬부라졌다. 이마는 대머리로 벗겨졌는데 한 필이나 되는 누런 비단을 반도(전설 속의 복숭아)의 모습처럼 둘러 감아 머리 위에 올려놓았다. 바다 밑에 잠수해 적선을 공격할 수 있고, 또 며칠 동안 물 속에 있으면서 물고기를 잡아먹을 수 있다. 중국 사람도 이 신병을 보기가 쉽지 않다.

팽소신이 신병을 자랑하자 왕은 감격해 하며 치사했다. 파랑국의 얘기는 『조선왕조실록』 전체에 걸쳐 더 이상 나오지 않는다.

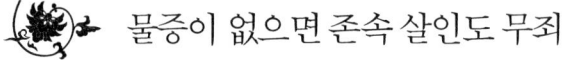 물증이 없으면 존속 살인도 무죄

　세상이 바뀌어 피의자의 자백만으로 처벌할 수 있던 시대는 지나갔다. 이런 걸 '개혁'이라 하던가? 여하튼 아무런 물증 없이 피의자가 죄를 범했으리라는 심증만 있을 때는 처벌할 수 없게 된 것은 겨우 얼마 전부터의 일이다. 그러나 전근대적인 사법 제도가 시행되던 조선 시대에도 물증이 없으면 무죄로 처리하는 '선진적'인 법 집행이 있었다.「인조실록」1649년 1월 28일의 기록을 보자.

　청주의 박귀금은 자기 아비가 일찍이 문둥병을 앓자, 전염될까 염려해 산에다 초막을 지어 놓고 아비를 그곳에 내다 두었다. 그리고 아내와 함께 모의해 초막의 문에다 풀을 쌓아 놓고 불을 질렀다. 감사가 그 사실을 조정에 아뢰자 조정에서 관리를 파견해 조사했는데, 박귀금과 그의 아내가 모두 범죄 사실을 시인했다.

　형조가 중죄를 범했다는 이유로 의금부에 옮기기를 청했다. 그러나 의금부 신문에서 피의자는 전에 자백했던 사실을 번복했다. 신문관은 "아비를 시해한 것은 천지간에 극악한 대죄이지만 대낮에 불을 질렀다는 것은 의문의 여지가 있다. 그리고 신응길은 그 동리의 벼슬아치로서 사건 초기에는 가만있다가 3개월이 지난 뒤에야 자기 사위인 변정필에게 관에 고발하게 했다"며 엄격한 심문이 요구된다고 했다.

물증 없이 고발한 신응길은 신문 과정에서 곤장을 맞고 죽었다. 그리고 박귀금과 그의 아내는 방화 살인에 대해서는 유죄를 입증할 증거가 없다는 이유로 무죄를 선고받았다. 그러나 자식으로서 아비를 타 죽게 만든 것은 그 죄를 면하기 어렵다고 해 곤장 1백 대의 형에 처해졌다. 한편 장인의 지시에 따라 고발장을 쓴 변정필은 곤장 1백 대에 징역 3년형에 처해졌다.

물증이 없을 경우 과감하게 무죄 처리하는 반면, 물증 없이 고발한 경우 추상 같은 처벌이 뒤따랐던 것이다.

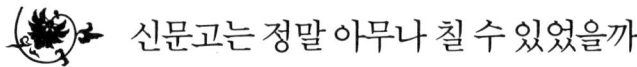 신문고는 정말 아무나 칠 수 있었을까

텔레비전 퀴즈 프로에서 "힘없는 백성이 하소연할 길 없는 자신의 억울한 사정을 왕에게 직접 알리기 위해 치는 북"이 뭐냐고 물으면 대부분의 사람들은 '신문고'라 대답할 것이다. 물론 정답이다. 태종 2년(1402) 7월 신문고가 처음 설치된 것은 바로 그런 취지에서였다. 그러나 처음부터 신문고는 억울한 사연이 있는 백성이라면 누구나 칠 수 있는 것이 아니었다.

신문고를 치는 절차를 밝힌 『경국대전』에는 "원통하고 억울함을 호소할 자는 서울에서는 주장관에게 소장을 내고 지방은 관찰사에게 소장을 내되, 그래도 억울하다면 신문고를 두드려라"고 정해 놓았다. 일반 백성들이 이러한 절차를 다 밟기는 어려운 일이다. 그러나 이 절차를 건너뛰어 신문고를 두드릴 수는 없었다. 설사 절차를 다 밟고 신문고를 두드렸다 하더라도 고발 내용에 문제가 있으면 엄한 벌이 뒤따랐다. 게다가 더 큰 문제는 왕들이 신문고가 울리는 것을 싫어했다는 사실이다.

이에 따라 두드리기 힘든 신문고를 포기하고 '격쟁'이라 해 왕의 행차나 궁중에 직접 다가서서 구두로 직소하거나, '상언'이라 해 왕의 행차에 뛰어들어 글을 올리는 일이 차츰 많아졌다.

중종 15년(1521) 8월 30일, 상언의 폐단을 지적하며 신문고 제도를 활성화하자는 신하들의 의견과 그에 대한 중종의 답변을 들어보자.

"듣건대 임금의 가마 앞에서 읍소하는 자가 아주 많아 때로는 고개를 넘어서 따라가는 자까지 있다 합니다. 재상의 행차일지라도 사람들이 피해야 하는데, 더구나 임금이 지나는 곳에서 어찌 그처럼 외치며 따라갈 수 있겠습니까? 듣기에 아주 한심합니다. 이제 신문고를 두는 법을 다시 쓰고 가마 앞에서 읍소하는 것을 금지하는 것이 어떠합니까?"

그러자, 왕이 말했다.

"가마 앞에서 읍소하는 자를 모두 금하면 스스로 억울함을 호소하려는 자는 그 길이 없어질 것이며, 그래서 신문고를 자주 치게 되면 사람들이 놀랄 것이다."

그러나 조선 중기로 가면서 가마 앞에서 읍소하는 일도 목숨을 걸어야 할 만큼 어려워져 갔다. 1642년 5월 14일의 「인조실록」을 보자. 왕에게 대사헌 이식이 아뢰고 있다.

우리나라에서는 신문고의 법이 시행되지 않은 지 이미 오래고 왕 앞에서 상언하는 것도 일정한 법이 있으며, 벌을 받을 각오로 징을 쳐 호소하는 일은 용감한 자만이 할 수 있습니다. 오직 불시에 행행(行幸 : 임금이 궁궐 밖으로 거동하는 일)해 가마를 멈추고 상언을 받는 규례가 있을 뿐인데 이제는 행행도

폐지했습니다. 어질고 거룩하신 임금이 위에 계시는데도 아랫사람의 충정이 이렇게까지 억눌리고 막혀 있으니, 참으로 한심하다 하겠습니다.

절차를 밟아 말이나 글로써 자신의 원통함을 하소연할 길은 차츰 없어지고 그 멍울은 속으로 깊어 갔다. 1607년 경기도와 황해도에서, 1626년 경상도 의성에서, 1653년 경상도 상주에서, 1671년 경기도와 충청도에서 민란이 일어났다.

신문고를 두드리는 것은 오늘날로 치면 청와대 민원실의 문을 두드리는 것에 해당한다. 그런데 청와대 민원실의 존재가 그렇듯이, 신문고 제도가 있었다는 것이 과연 교과서에서 자랑할 만한 일인가? 신문고와 청와대 민원실의 존재는 억울한 사람들이 힘들이지 않고 자연스레 자신의 문제를 해결할 수 있는 사회적 제도와 장치가 없거나 부족하다는 반증이기도 하다. 그나마 그 신문고조차 치기 힘들었으니 민란이 끊이지 않은 것은 당연한 이치였다.

숙종 때는 사람 고기도 먹었다

여객기가 추락해 눈 덮인 안데스 산맥에 떨어진 사건이 발생한 적이 있다. 기적처럼 일부 승객들이 살아남았다. 식량은 떨어져 가고 구조대는 도착하지 않는 나날이 계속되었다. 부상당한 사람들이 죽어갔다. 수십 일이 지나 구조대가 이들을 발견했을 때 생존자 가운데 일부는 살아남기 위해 인육을 먹은 상태였다. 이 소설 같은 실화는 곧 영화로도 제작되었다. 그러나 현실에서도, 영화 속에서도 살기 위해 인육을 먹은 사람들은 비난받지 않았다. 극한 상황에서 발현되는 생존 본능은 사회규범과 윤리·도덕이라는 관념을 초월할 수 있다는 것을 인정하기 때문이다.

지금으로부터 불과 100~200년 전까지만 해도 이같은 극한 상황은 더욱 자주 발생했다. 과학 기술과 산업의 발달 정도가 보잘것없던 시절, 하늘만 쳐다보며 땅 파먹던 시절, 대다수의 백성들에게 굶주림은 자주 겪는 일이었고 그 속에서 극한 상황은 더욱 자주 발생했다.

숙종 22년(1696) 2월 5일의 「숙종실록」은 이렇게 증언한다.

평안도의 굶주린 백성 이어둔이 사람의 고기를 먹었는데, 임금은 그것이 몹시 굶주려서 실성했기 때문이라 해, 특별히 사형을 감면하라고 명했다.

굶주림 외에도 의료시설의 부족이나 무지로부터도 극한 상황은 발생했다. 선조 9년(1575) 6월 26일의 기록은 그 참상을 이렇게 전한다.

사람들이 인육과 사람의 간·쓸개를 매독을 치료하는 약으로 쓰기 때문에, 흉악한 무리들이 어린아이를 사람이 없는 곳으로 유괴함은 물론이고, 비록 장성한 남녀라도 혼자 길을 가고 있으면 약탈해 모두 배를 가르고 쓸개를 꺼냈다. 이는 그 쓸개를 팔면 많은 값을 받을 수 있기 때문이다. 그래서 나무에 묶여 배를 갈리운 자가 산골짜기에 잇달아 있기 때문에 나무꾼들이 나무를 하러 갈 수 없었다. 그러므로 법을 만들어 현상금을 걸고 체포하게 한 것이다.

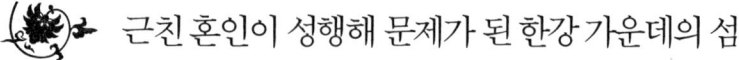 근친 혼인이 성행해 문제가 된 한강 가운데의 섬

지금 서울의 양화대교와 여의도 사이에는 율도라는 섬이 있다. 일명 밤섬이라고 하는 이 섬은 1960년대 말부터 시작된 여의도 개발 과정에서 주민들이 모두 마포 지역으로 쫓겨나고 이젠 철새들의 둥지만 있는 조그마한 무인도다. 그런데 「명종실록」에 따르면 지금 양화대교 강북 지역인 합정동과 율도 사이에 잉화도라는 작은 섬이 있었다. 이 섬이 「명종실록」에까지 오른 것은 다름 아닌 근친 혼인과 프리섹스 때문이었다. 명종 11년(1556) 4월 4일 신하들은 잉화도 문제의 해결을 제안한다.

잉화도는 양화진과 율도 사이에 있는 별도의 구역으로, 예로부터 돼지와 양을 방목해 가축을 기르는 곳으로 만들어 전생서와 사축서의 관원이 관장해 왔습니다. 그 관서의 직원들이 관원에게 제공할 돼지와 양을 기르는 일 때문에 그 섬에 집을 짓고 살고 있습니다. 그런데 그들의 풍속이 친족끼리 서로 혼인을 해 사촌이나 오촌도 피하지 않습니다. 또한 아무리 가까운 친척이라도 홀아비나 과부가 있으면, 다른 곳으로 보내 결혼시키지 않고 마음 내키는 대로 같이 살면서도 조금도 이상하게 여기지 않고 있습니다.

이는 섬의 사면이 모두 물이고 인접한 마을이 없어 사람들의 이목이 미치지 않기 때문입니다. 출입하기 위해 물을 건널 때에 물이 깊으면 예사로 벗고 건너고, 얕으면 걷고 건넌다고 합니다. 또한 건널 때 남자는 끌고 여자는 붙들고 가는데, 그들의 추잡한 행실은 오로지 여기에서 생긴 것입니다. 섬에 있는 집을 모두 철거해 딴 곳으로 이주시키고, 만약 남녀가 전처럼 섬에 출입하는 자가 있으면 무거운 벌을 주소서. 그리고 가축을 기르는 일은 일체 남자가 하게 해 추잡한 폐단을 근절시키소서.

 한여름 최고의 사치품은 얼음

1420년 4월 26일의 「세종실록」은 이렇게 전한다.

> 왕은 그의 친형인 양녕대군에게 얼음을 내려 주되, 날마다 한 덩어리씩 음력 5월에서 7월까지 내려주고, 그 뒤로는 그치게 했다.

냉장고도 없던 시절에 웬 얼음인가? 인공으로 얼음을 만들 수 없었던 그 무렵에는 입춘 전 무렵에 한강의 얼음이 4~5척 이상 두껍게 얼면 이를 떼어 내어 얼음 창고 속에 보관했다가 봄과 여름에 사용했다. 지금 서울시 용산구 한강변의 동빙고동과 서빙고동은 바로 서울에 위치한 두 개의 얼음 창고 이름으로부터 유래한 것이다. 동빙고는 궁중에서 제사지낼 때 쓰일 얼음을 보관하던 창고였고, 서빙고는 궁중과 개인의 일반적인 용도를 위한 것이었다.

신라 시대의 경주 석빙고가 말해주듯이 겨울에 얼음을 보관해 여름에 사용한 역사는 길다. 그러나 전기 냉장고가 없던 시절, 한여름의 얼음은 일반 백성들은 구경하기도 힘든 귀한 것일 수밖에 없었다. 벼슬아치들도 2품 이상의 고관대작이 되어야 복날 임금으로부터 얼음 한 덩어리씩을 선사받는 터였다. 그래서 검약을 강조하던 헌종은 신하들에게 이렇게 말한다.

어민들의 해산물 채취를 위한 어려움은 실로 목숨에 관계되고 여름철에 얼음에 채워 나르는 것은 더욱이 깊은 폐단이다. 따라서 이제부터는 6~7월에 날전복과 익힌 전복을 상납하는 것은 모두 영구히 멈추라.

헌종과는 달리 연산군은 최고의 사치품인 얼음을 가장 사치스럽게 사용한 왕이었다. 연산군이 왕으로 즉위한 첫 해에 그는 경기 관찰사에게 지시한다.

약에 쓸 곰은 민폐를 끼치지 말고 잡아서 큰 것은 가죽을 벗기고 사지를 쪼개어 가닥을 만들고, 작은 놈은 전체를 얼음에 채우고 아울러 그 가죽은 이어서 갖다 바쳐라.

물론 그뿐이 아니었다. 한겨울엔 산 모양으로 얼음을 조각하도록 해 놓고 이를 감상하는가 하면, 한여름 더위 속에 대비의 생일 잔치를 치르면서 무게가 각기 천근이나 나가는 놋쟁반을 연회장 사면에 설치하고 그 위에 얼음을 놓아두기도 했다. 천연 에어컨이었던 셈이다. 이처럼 얼음 이용법의 새로운 경지를 개척한 연산은 왕으로서는 드물게 「연산군일기」에 얼음을 소재로 한 시까지 한 수 남겼다.

승지들이 포도 한 송이를 따서 얼음 넣은 쟁반에 담아 왕에게 바치니, 임금이 몸소 시를 지었다.

"얼음 채운 파란 알이 달고 시원해
옛 그대로인 성심에 절로 기쁘네
몹시 취한 주독만 풀어 주는 것이 아니라
병든 위, 상한 간도 고쳐 주겠네"

1504년 한여름인 7월 25일 경회루에서였다. 집집마다 냉장고가 있는 오늘날, 얼음은 사시사철 구경할 정도로 흔한 물건이 되었다. 그러나 얼음이 흔한 대신 더 이상 조선 시대의 얼음 맛을 아무도 알 수 없게 되었다. 여름에 에어컨과 선풍기를 끄지 않는 한…….

에누리의 원래 뜻은?

요즘 에누리라는 말은 물건 값을 깎을 때 쓰는 용어다. 국어 사전에도 '받을 값보다 더 많이 부르는 물건 값'으로 되어 있다. 그러나 조선 시대의 에누리는 물건의 원가에다 파는 사람이 붙이는 이문, 즉 마진이었다. 물론 원가에는 이문만 붙이는 게 아니다.

옷가게를 예로 들어보자. 오늘날 남대문 시장 같은 곳에 가면 옷가게에 대체로 호객꾼이 고용되어 있다. 이들은 지나가는 손님을 붙잡고 갖은 언변을 통해 물건을 사게끔 만드는 사람이다. 당연히 이들은 기본 월급과 함께 실적에 따른 수당을 받는다. 말이 호객꾼이지 백화점 같은 곳에 가면 이들은, 유니폼을 입은 백화점 아가씨들과는 달리 품위 있는 고급 옷을 입고 실력을 발휘한다. 백화점 아가씨들보다 대우가 좋은 것은 물론이다.

이런 호객꾼들은 조선 시대의 시장에도 많았다. 그러나 조선 시대의 호객꾼들은 특정 가게에 소속된 것이 아니라 독립된 지위에서 일했다. 요즘 말로 프리랜서라고나 할까? 이들은 시장을 누비고 다니다가 물건을 사러 나온 사람을 발견하면 장난스레 접근해 무엇을 사려는지 알아내고 그것을 파는 가게로 데려간다. 흥정은 주인과 손님 사이에서 이루어지는 것이 아니라 이 호객꾼과 손님 사이에서 이루어진다. 그 과정에서 호객꾼은 미리 정해진 암호 같은 말을 통해 주인이 얼마 정도면 팔 수 있는지 파악한다. 이러한 호객꾼을 여리꾼이라 불렀고 이들이 갖는 수고료를 여리라 불렀다. 그러니까 고객은 결국 물건 원가에다 에누리와 여리를 붙인 가격을 지불하게 되는 것이다.

오늘날 여리꾼은 남아 있지 않다. 그러나 비슷한 일을 하는 사람은 있다. 해외 여행 때의 가이드가 바로 그들이다. 그러나 오늘날의 여행사 가이드는 여행객들을 가게로 데려갈 뿐, 흥정을 하는 수고도 하지 않고 여리를 착복한다. 따라서 요즘의 여행사 가이드들을 조선 시대의 여리꾼에 비유하는 것은 여리꾼에 대한 모독이 될 수도 있다.

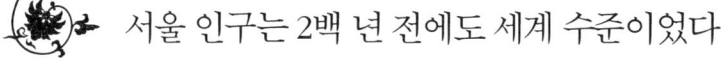 서울 인구는 2백 년 전에도 세계 수준이었다

 1988년 한국에서 개최된 서울올림픽으로 서울은 세계적인 도시가 되었다. 물론 교통 문제·공해 문제·주거 문제·교육 문제·치안 문제 같은 삶의 질을 따지자면 이야기는 많이 달라질 것이다. 하지만 이미 1천만 명을 넘어선 인구 수로 볼 때 서울은 세계에서 몇 번째 가는 거대 도시임이 분명하다. 서울은 언제부터 세계적인 도시가 되었는가?
 전체 인구의 25%가 서울에 몰려 있고 서울을 중심으로 반경 50Km 안에 전체 인구의 절반 가량이 몰려 있는, 전 세계에서 보기 드문 수도권 집중 현상이 벌어진 것은 주로 1960년대 이후 급속한 공업화에 따른 결과다. 그러나 지금과 같은 수도권 집중 현상이 벌어지지 않았던 200년 전에도 서울은 인구 수로 보면 세계에서 몇 번째 되는 수준에 도달해 있었다.
 지금으로부터 2백 년 전인 정조 22년(1798) 12월 30일 한성부의 보고에 따르면 서울의 인구는 19만 3,700명인데, 남자가 9만 8,693명이고 여자가 9만 5,090명이었다. 바로 50년 전인 영조 23년(1747)의 서울 인구는 18만 2,584명이었다. 당시의 인구 조사가 주로 세금을 거두고 군역을 부과하기 위해 실시된 것이라 조세와 군역이 면제되는 유아와 여성, 그리고 노령 인구의 누락

이 적지 않았다. 이런 점까지 감안할 때 18세기 말의 서울 인구는 이미 30만 명을 넘어섰으며, 19세기 중반에는 50만 명에 육박했으리라 추산할 수 있다. 실제 「순조실록」에 따르면 순조 17년(1817)의 전체 인구는 790만 3,167명으로 8백만 명을 돌파하기 직전이었다. 산업혁명으로 빠르게 도시화해 근대 자본주의의 세계적인 수도라 일컬어졌던 영국 런던도 18세기 말에 가서야 50만 명 정도였다.

200년 전, 조선은 물론이고 서울이라는 이름은 더더욱 알려지지 않았던 200년 전에 서울의 인구는 이미 세계에서 몇 번째 수준에 도달해 있었다. 지금과는 달리 당시의 서울이 강북 가운데서도 4대문 안을 중심으로 이루어졌던 점까지 감안한다면, 이미 그때부터 '서울은 만원'이었던 셈이다.

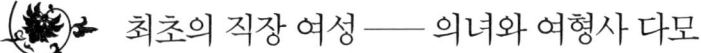
최초의 직장 여성 —— 의녀와 여형사 다모

　봉건주의 유교 국가인 조선에서 여성의 사회적 지위와 역할은 거의 무에 가까웠다. 음식을 만들거나 바느질하는 일, 또는 술자리 시중을 드는 일과 같은 천한 일은 여성이 도맡아 하는 경우가 많았다. 그러나 전문 지식과 기술을 갖는 일에 여성이 종사하는 경우란 거의 없었다. 한마디로 '직업을 가진 여성'은 없었다. 다만 사람의 몸을 돌보는 의사와 사건을 수사하는 형사의 역할을 맡는 여성이 일부 있었는데, 이는 그 직업의 특수한 필요에 따른 것으로 아주 드문 일이었다. 조선 시대에 여자 의사는 의녀라 불렀고, 여자 형사는 다모라 불렀다. 그런데 이처럼 여자 의사와 여자 형사 제도가 시행된 것은 여성의 권리가 늘어났기 때문이 아니었다. 반대로 남녀의 구분이 엄격했던 데 따른 결과였으니, 참으로 역설적인 현상이 아닐 수 없다.

　의녀 제도가 실시된 것은 조선 초기부터였다. 남녀 구별이 엄격한 유교 사회에서 부인의 병을 남자 의사가 진찰하고 치료하는 것은 있을 수 없는 일이었기 때문이다. 우선 궁중에서 이같은 여자 의사의 수요가 컸다. 그리하여 태종 18년(1418)에는 궁궐에 7명의 의녀를 두었다. 그 뒤에도 어린 여자아이를 선발해 제생원에 맡겨 국가의 지원으로 의술을 익히게 했다. 전문인

인 의녀의 역할을 망가뜨린 이는 연산군이었다. 연산군 시절 의녀는 기생의 역할까지 도맡게 된 것이다. 연산 10년(1504) 6월 13일 「연산군일기」를 보자.

> 잔치 때 의녀 80명을 가려 뽑아 예의를 가르치고, 재주 있는 기생은 옷을 깨끗이 입혀서 어전의 섬돌 위에 앉혀라.

의녀가 기생처럼 술자리에 불려다닌 것은 궁중에서만이 아니었다. 사대부 집의 잔치에도 의녀가 넘실거렸다. 선조 38년(1605) 4월 10일의 「선조실록」에는 이를 규탄하는 혜민서 관리들의 말이 기록되어 있다.

> 의녀를 뽑은 것은 의술을 가르쳐 나라에서 쓰기 위한 것입니다. 그런데 규율이 흐트러지고 사치 풍조가 널리 퍼져 마을의 크고 작은 술잔치에 의녀를 부르지 않은 적이 없습니다. 그러니 어느 겨를에 의녀의 얼굴을 마주하고 의술을 가르칠 수 있겠습니까.

물론 의녀가 의사 역할 이외에 기생 역할만 한 것은 아니었다. 궁중에서 형사 사건을 처리하는 데도 규방을 수색하거나 염탐하는 따위 남자가 하기 어려운 일을 의녀에게 맡겼다. 의녀가 여형사 역할까지 한 것이다. 광해군 5년(1613) 6월 13일의 「광해군일기」를 보자.

영의정 이덕형이 아뢰었다.

"평상시에 사대부들 집에서 사람을 붙잡아 올 때는 이따금 의녀들에게 들어가 염탐해보게 했습니다. 그러니 지금도 이 관례에 따라 의녀에게 대비전의 궁녀를 찾아보게 하는 게 어떻겠습니까?"

그러자 왕이 승지에게 명령했다.

"영의정의 말에 따라 수문장과 선전관을 많이 정해 다른 사람들은 드나들지 못하도록 엄격하게 금지한 뒤에 의녀가 들어가 찾아서 잡아오도록 하라."

특히 광해군은 의녀를 여자 형사로 활용하는 데 열심이었다. 이듬해 7월 27일에도 광해군은 폐위된 임해군의 기생 환어사가 민간 집으로 몸을 숨기자 의녀에게 "갖은 방법을 써서 수색해 잡으라"는 명령을 내린다. 그러나 의녀의 여자 형사 역할은 오래 지속되지 못했다. 사실 그 전부터 이러한 관례에 대한 문제 제기가 있었던 것이다. 「중종실록」에는 중종 21년(1526) 2월 15일 왕이 직접 이러한 문제점을 지적하는 기록이 있다.

생각해 보니 의녀를 둔 것은 병을 치료하기 위한 것이다. 그런데 지금 포도대장을 따라가 사대부의 집을 수색하는 것은 의녀를 둔 본래의 뜻과 다르다. 이것은 새로운 기준을 세우는 것이라 의논이 필요하니 담당 관리를 불러 의논하라.

의녀 제도는 조선 말기까지 계속되었다. 그러나 조선 중기 이후 의녀가 기생이나 여자 형사 노릇까지 떠맡는 사례는 거의 줄어들있다. 동시에 이때부터 다모라는 여자 형사가 등징해 궁중은 물론 일반 민간인들의 형사 사건에 투입되었다. 다모란, 형식적으로는 관청에서 식모 노릇을 하는 여자 노비를 일컫는 말이었다. 그러나 조선 중기 이후 다모는 의금부 형조 포도청에서 특수한 임무를 맡아 왔다. 그리하여 다모를 뽑을 때는 키가 5척이 되어야 하고, 막걸리 세 사발을 단숨에 마실 수 있어야 하며, 쌀 다섯 말을 번쩍 들 수 있어야 한다는 말까지 생겨났다.

다모에게 맡겨진 일차 임무는 수색과 염탐이었다. 정조 14년(1790) 9월 7일의 「정조실록」을 보자. 이날 왕은 내수사(궁중에서 쓰일 물품과 노비의 관리를 담당하던 관청) 관원이 궁인을 가마에 태워 가는 것을 검문한다며 소동을 벌인 파주 목사 겸 적성 현감 홍상덕을 질책하고 있다.

명령을 받든 행차를 어찌 감히 막는단 말인가. 그 현감을 잡아다 신문하고 엄중히 처리하라. 이미 명령을 받든 관원에게 가마의 휘장을 활짝 걷어올리게 하고 그 고을 다모를 불러다가 궁인의 모습을 확인하도록 했다. 정말로 죄인이라면 어찌 이같이 의혹을 풀어주는 일을 하겠는가. 그렇다면 감사의 보고가 너무도 형편없지 않은가. 이것은 책임이나 때우려는 꾀이며 남을 흉내내는 일일 뿐이다. 이 사람이 어찌 감히 이처럼 눈가림하는 수단을 쓴단 말인가. 감사를 해임하도록 하라.

또한 정조 17년(1793) 1월 12일 왕은 무예를 한 사람들과 무예별감으로 장교를 지낸 사람 50명을 가려서 돌아가면서 명정전 남쪽 회랑에서 숙직하게 했다. 이를 장용위라 불렀고, 그들을 관리하기 위해 장용청을 설치했다. 이른바 경호실을 만든 것이다. 장용청에는 이들 장교급 무관 외에도 이들의 업무를 지원하는 여러 직종의 사람들도 배치했다. 그런데 이들의 명단에 다모 2명도 떳떳이 적혀 있는 것으로 미루어, 여자 형사인 다모의 역할이 일반화했음을 알 수 있다.

죽어서 왕이 된 사람들

태조에서 순종에 이르기까지 조선의 왕은 모두 27명이다. 그러나 『조선왕조실록』에 기록된 조선 왕조의 왕은 36명이다. 그렇다면 일반적으로 알려지지 않은 9명의 왕은 누구인가? 목조 · 익조 · 탁조 · 환조 · 덕종 · 원종 · 진종 · 장종 · 익종이 바로 그들이다.

조선의 제21대 왕 영조에겐 두 명의 아들이 있었다. 맏아들인 효장세자는 1728년 아홉 살의 나이로 병에 걸려 죽었다. 그 후 1735년에 태어난 둘째 아들이 바로 뒷날 사도세자로 유명한 장헌세자였다. 그러나 하나밖에 남지 않은 아들인 장헌세자도 1762년 영조의 미움을 받아 뒤주에 갇혀 죽임을 당했다. 영조는 사도세자가 죽자 사도세자의 아들을, 이미 죽은 효장세자의 양아들로 입적시킨 뒤 그를 세자로 책봉했으니, 그가 바로 영조에 이어 왕위에 오른 정조였다.

왕이 되자 정조는 자신의 친아버지인 사도세자와 양아버지인 효장세자를 각각 장종과 진종으로 추서했다. 사도세자는 죽어서 왕이 된 셈이다. 이처럼 세자가 일찍 죽어 왕위에 오르지 못하고 그의 자식이 왕위에 올랐을 때, 왕이 되지 못하고 죽은 아버지를 왕으로 추서하는 관례가 있었다. 성종의 생부인 의경

세자가 덕종이 되고, 헌종의 생부 효명세자가 익종으로 추서된 것도 마찬가지다.

이와 달리 세자의 핏줄이 아니면서 왕위에 오를 경우 그의 생부는 대원군으로 봉해졌다. 다만 한 명의 예외가 있었으니 인조의 생부 정원군이다. 정원군은 세자가 아니었는데도 그의 아들이 왕위에 오르자 대원군이 아닌 원종으로 추서되었다. 인조가 서인 세력을 등에 업고 쿠데타를 일으켜 광해군을 내쫓고 난 뒤, 광해군의 배다른 형제인 자신의 아버지 정원군을 전례 없이 왕으로 추서한 것은 자신이 선조로부터 이어지는 왕위 계승의 정통성을 이어받았음을 강변하려는 의도였다.

목조 · 익조 · 탁조 · 환조는 모두 태조 이성계의 고조할아버지 · 증조할아버지 · 할아버지 · 아버지다. 4대조까지 거슬러 올라가 왕위를 추서함으로써 창업 왕조의 정통성을 강화하려 했던 결과다.

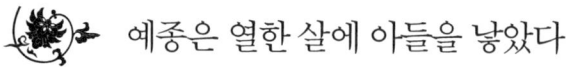 예종은 열한 살에 아들을 낳았다

조선의 여덟 번째 왕인 예종은 1468년, 그의 나이 만 18세에 왕위에 올랐다. 예종은 원래 세조의 둘째 아들이었으나 그의 형 의경세자가 1457년에 열아홉의 젊은 나이로 죽자 세자 자리를 계승했다. 그러나 예종도 어려서부터 병약해 건강이 좋지 않았다. 결국 예종은 왕이 된지 1년 2개월만에 그의 형처럼 열아홉의 나이로 생을 마쳤다.

이때 예종은 2명의 부인으로부터 2남 1녀의 자식을 두었는데 혼인을 일찍 했던 옛날의 관습에 비추어 보면 그리 놀랄 일은 아니다. 그러나 19세에 죽은 왕에게 여덟 살짜리 아들이 있다면 어찌 놀라운 일이 아니겠는가? 예종의 정비, 바로 첫 번째 부인인 정순왕후 한씨는 바로 한명회의 큰딸이었다. 예종보다 다섯 살 위였던 한씨는 1460년 왕세자였던 예종과 결혼해 이듬해에 인성대군을 낳았다. 신랑의 나이 열한 살, 신부의 나이 열여섯 살에 첫아들을 본 것이다.

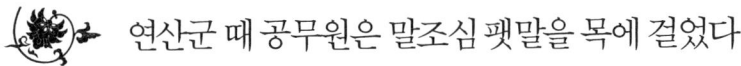 # 연산군 때 공무원은 말조심 팻말을 목에 걸었다

연산군이 상식을 뛰어넘고 윤리를 파괴하는 악행을 계속하자 여기저기서 왕을 비방하는 말이 많았다. 고금의 모든 독재자들의 공통점 가운데 하나는 건전한 비판조차 싫어하는 것인데 연산군도 예외가 아니었다. 1505년 1월 12일 「연산군일기」에 나와 있는 연산의 지시를 보자.

> 왕에 관한 일은 입으로 말할 수 없다. 그러나 이따금 변변치 못한 무리가 있어 자주 불온한 말을 내니 징계하지 않을 수 없다. 앞으로 이러한 자가 있거든 당사자는 마디 내어 베어 죽이고, 부자 형제는 참형에 처하고, 같은 성이나 다른 성을 가진 사촌은 남녀를 가리지 않고 모두 곤장형에 처하며 온 가족을 변방으로 내쫓아라.

그러나 이런 명령으로도 사람들의 입을 막을 수는 없었던 모양이다. 얼마 뒤인 1월 29일에는 그동안 내시들에게 채웠던 팻말을 조정에 드나드는 관리들에게도 차게 했다. 이름하여 신언패(愼言牌 : '말조심 팻말')였다. 이 신언패엔 어떤 말이 새겨져 있었을까?

입은 화를 가져오는 문이요	口是禍之門
혀는 내 몸을 베는 칼이니	舌是斬身刀
입을 다물고 혀를 깊이 간직하면	閉口深藏舌
몸이 편안해 곳곳이 안온히리라.	安心處處宇

 명나라 황제의 사위 될 뻔한 양녕대군

　태종 7년(1407) 6월 8일 왕은, 한성부윤(요즘의 서울 시장) 공부를 비롯한 고위 관료 6명을 옥에 가두고 세자 양녕대군과 명나라 황녀의 혼인을 의논한 일을 신문하도록 명령했다. 사실 세자의 혼인 문제는 몇 년 전 명나라 사신 황엄이 조선에 들어 왔을 때 거론된 얘기였다. 당시 대신들은 이렇게 말했다.

　　황엄은 명나라 황제의 총애를 받는 내시니, 만일 황엄을 통해 황제께 청해서 세자가 황제의 딸을 맞도록 하면, 우리나라의 행운입니다.

　태종도 이에 동의했다. 이에 가만히 황엄에게 뜻을 물으니, 황엄 또한 크게 반가워하며 "그렇게 된다면 얼마나 다행이겠는가?" 했다. 그러나 황엄이 또다시 조선에 들어왔을 때에 이 문제에 대해 한마디 말도 비치지 않으니, 태종은 후회하고 세자를 전에 이조 판서였던 김한로의 딸과 정혼시켜 버렸다. 이 무렵 황엄이 또다시 입국하자 태종은 정2품 이현을 시켜 말을 전했다.

　　내가 황제를 직접 알현하고자 하나 감히 국사를 버리고 갈 수 없고, 세자가 나이 이미 조금 장성했고 또 이미 장가를 들었으니, 나를 대신해 알현하게 하려고 한다.

일이 이렇게 되자 한성 부윤 공부와 이현이 계책을 의논했다. 명나라 황제의 딸 가운데 출가하지 않은 이가 두셋 되니, 만일 명나라 황실과 혼인하게 되면 북방 오랑캐들의 침입을 걱정할 필요가 없지 않느냐는 것이었다. 이들은 동조자를 끌어들이기 시작했다. 그리고 작전 계획도 세워 나갔다. 이현은 자신이 중국 사신에게 "지난번에는 일이 많기 때문에 전하의 말씀을 잘못 전했는데, 세자께서 아직까지 혼인하지 않았다"고 말하기로 했다. 이들에게 동조하지 않는 대신도 있었으나 이들은 계속 설득했다. 이들의 논리를 들어보자.

만일 대국(명나라)의 원조를 얻는다면 이씨 성이든 혹은 다른 성을 가진 무리이든 누가 감히 난을 일으키겠습니까? 고려 때에 원나라에서 공주를 시집보내 와 백 년 동안 안팎에 근심이 없었으니, 이것은 지난날의 경험입니다.

세상에 비밀이란 없으니, 이들의 계략은 곧 밖으로 새어나가 세자의 장인인 김한로의 귀에 들어갔고 김한로의 제보로 태종도 이 사실을 알게 되었다. 태종은 격노했다.

중국과 결혼하는 것은 나의 소원이나, 염려되는 것은 부부가 서로 뜻이 맞기 어려운 일이다. 또한 반드시 중국의 사신이 끊이지 않고 왕래해야 될 터이니 도리어 우리 백성들은 괴롭힘을 당할 것이다. 옛적에 기씨가 중국에 들어가 황후가 되었다가 그 일가가 남김없이 살육되었으니, 어찌 안전이 보장될 수 있으랴? 군신이 일체가 된 다음에야 나라가 다스려지고 편안해지는 것이다. 지금 공부를 중심으로 사사로이 서로 모여서 이같은 큰일을 의논하고 나에게는 알리지 않았으니, 내가 누구와 더불어 나라를 다스리겠는가? 하물며 내가 황엄에게 세자가 이미 장가들었다고 분명히 알렸는데, 이를 번복할 수 있는가?

태종이 기씨의 예를 들며 화를 낸 것은 그만한 이유가 있었다. 고려 시대에 행주 사람 기자방의 딸이 원나라 마지막 황제인 순제의 후궁으로 들어가 제2황후에 봉해진 적이 있었다. 그뒤 기씨의 소생이 순제의 뒤를 이어 왕위에 오르자 기씨 일족은 권세와 영화를 자랑하게 된 것이다. 1355년 공민왕이 국내의 친원 세력을 몰아내고 원나라에 점령당한 고려의 옛 땅을 수복하는 과정에서 국내의 기씨 일족은 친원 세력으로 몰려 몰살당했다. 그후 기씨 잔당들은 만주로 도망가서 망해가는 원나라를 등에 업고 고려를 침공했는데 이때 이들을 막아 낸 것이 바로 태종의 아버지 이성계였던 것이다. 그러니 태종으로서는 중국과 혼인 관계를 맺는 것 자체가 탐탁지 않을 수밖에 없었다.

태종이 이처럼 화를 내자 모의에 가담한 신하들은 "나라를 위해서였지 다른 뜻은 없었다"며 빌었고, 왕도 별다른 처벌을 내리지 않았다.

　당시의 왕세자 양녕대군은 결국 폐위되고, 충녕대군이 왕세자가 되었으며 나중에 세종이 되었다. 만일 이때 공부를 중심으로 한 사람들의 계략이 성공해 양녕대군이 명나라 황녀와 혼인했다면, 양녕대군은 왕세자 자리에서 내쫓기지 않았을 것이며, 결국 왕위에 올랐을 것이다. 그리고 우리는 만 원짜리 지폐에서 세종대왕의 얼굴을 보지 못했을 것이다.

 세종 대신 양녕대군의 장남이 왕이 될 뻔했다

태종 이방원은 12명의 부인에게서 모두 12남 17녀의 자식을 얻었다. 다행히 정실인 원경왕후에게서 4남 4녀의 소생을 얻었기에 일찍이 장남인 양녕대군을 태자로 책봉했다. 잘 알려져 있다시피 양녕대군은 사냥과 풍류에 탐닉하는가 하면, 기이한 행동을 일삼아 세자 자격을 박탈당하고 만다.

양녕의 이러한 행동에 관한 배경에는 몇 가지 설이 전해 오고 있다. 그것은 첫째, 양녕은 아버지인 태종 이방원이 형제를 셋이나 죽이고 왕위에 오르는 것을 보고 애초부터 왕세자가 되고 싶지 않았다는 것이다. 둘째, 태종의 마음이 셋째 아들인 충녕대군에게 있음을 간파하고 왕세자 자리에서 물러나기 위해 일부러 기이한 행동을 일삼았다는 것이다.

여하튼 양녕이 도를 넘는 광기를 보인 것은 사실이다. 자신의 선생을 처음 맞이하던 날 스승 앞에서 개 짖는 시늉을 한 것은 수많은 기행 가운데 하나의 예일 뿐이다. 양녕이 미친 것처럼 행동한 배경을 정확히 설명할 자료는 없다. 그러나 태종이 처음부터 충녕대군에게 마음이 있었다는 설명은 사실이 아니다. 「세종실록」 총서에 따르면 1418년 태종이 양녕대군을 왕세자 자리에서 폐하면서 양녕의 맏아들에게 왕세자 자리를 계승하려고 했다. 정실에서 태어난 장남이 아니면서 왕위에 오른 다른 왕들처럼, 우여곡절 끝에 왕위에 오른 태종은 뒷날의 시비를 예방하고 왕실을 강화하기 위해 상남이 아니라면 장손을 후계자로 생각했던 것이다.

그러자 여러 신하들이 나서서 반대했다.

"이제 어린 손자를 세운다면 어찌 앞날의 무사함을 보장하오리까. 하물며 아버지를 폐하고 아들을 세움이 의리에 어떠하올지. 청컨대 아드님 가운데 어진 이를 골라서 세우시기를 바라옵니다."

그러자 태종이 말했다.

"그러면 경들이 마땅히 어진 이를 가리어 아뢰라."

여러 신하들이 함께 아뢰었다.

"아들이나 신하를 아는 데 아버지나 임금과 같은 이가 없사오니, 가리는 것이 성심에 달렸사옵니다."

노련하고 현명한 신하들이었다. 특정 왕자를 잘못 지목했다가 닥칠지도 모르는 위험을 피한 것이다. 당신 아들은 당신이 잘 아니까 직접 고르라는 말이었다.

태종은 결국 신하들의 말을 좇아 양녕의 장남을 포기하고 셋째 아들 충녕을 왕세자로 책봉했다. 태종이 자신의 뜻을 굽히고 신하들의 말을 따를 만큼, 충녕은 어려서부터 성실하고 영특해 여러 왕자들 가운데서도 돋보이는 존재였다.

세종대왕의 건강 진단서

22세에 왕위에 오른 세종대왕은 54세에 하직했으니 33년 동안 왕위에 있었던 셈이다. 그러나 늘 격무에 시달리던 세종은 40대에 들어서면서 급속히 건강이 나빠졌다. 그래서 세종은 이미 장성한 왕세자에게 결재권을 넘겨주고 자신은 일상 업무에서 물러나기를 희망했다. 마흔 살이 되던 1436년에 왕세자의 섭정 문제를 꺼냈으나 신하들의 반대로 양보했던 세종은 결국 1442년에 가서야 뜻을 이룬다. 만류하던 신하들을 설득할 수 있었던 것은 날로 악화되어 가던 자신의 건강 상태 때문이었다.

세종 21년(1439) 6월 21일의 「세종실록」에는 마흔 두 살의 세종이 말하는 자신의 병세가 기록되어 있다.

내가 젊어서부터 한 쪽 다리가 지나치게 아파서 십여 년 만에 조금 나았는데, 또 등의 부종으로 아픈 지 오래다. 아플 때를 당하면 마음대로 돌아눕지도 못해 그 고통을 참을 수가 없다. 지난 계축년 봄에 온천에서 목욕하려 했으나 대간에서 폐가 백성에게 미친다고 하고, 대신도 안 된다고 말하는 이가 있었다. 내가 두세 사람이 청하기에 온천에서 목욕을 했더니 과연 효험이 있었다. 그뒤에 이따금 다시 발병할 때가 있으나, 그

아픔은 전보다 덜하다. 또 소갈증(당뇨병)이 있은 지 열 서너 해가 되었다. 그러나 역시 이제는 조금 나았다. 지난해 여름에 또 임질을 앓아 오래 정사를 보지 못하다가 가을 겨울에 이르러 조금 나았다. 지난 봄 무술을 배운 뒤에는 왼쪽 눈이 아파 안막을 가리는 데 이르고, 오른쪽 눈도 어두워져서, 한 걸음 사이에서도 사람이 있는 것은 알겠으나 누구인지를 알지 못하겠으니, 지난봄에 무술을 배운 것을 후회한다. 한 가지 병이 겨우 나으면 한 가지 병이 또 생기매 나의 노쇠함이 심하다.

뒷날 문종이 되는 왕세자에게 많은 업무를 이양한 뒤에도 세종의 격무는 계속되었다. 이 시절의 업적 가운데 하나가 바로 1443년 창제하고 1446년 반포한 훈민정음이다.

일급 비밀 — 조선의 화약 성능

　세종 13년(1431) 10월 15일 왕은 궁중에서 하는 불꽃놀이를 때마침 와 있던 중국 사신에게 보여 줄 것인지 신하들에게 물었다. 많은 신하들이 "사신이 보기를 요청하면 이를 보여 줄 것이요, 요청하지 않으면 이를 보여줄 필요가 없다"고 대답했다. 그러나 찬성을 지내던 허조가 말했다.

　　화약은 한정되어 있는데 불꽃놀이에 허비되는 것이 아주 많습니다. 더구나 우리나라의 화약은 그 맹렬함이 중국보다도 낫습니다. 그러므로 이를 중국 사신에게 보여주어서는 안 됩니다. 저들이 비록 요청하더라도 마땅히 보여주지 마십시오.

　조선 초기에는 해마다 연말연시가 되면 궁중에서 불꽃놀이를 벌여 송구영신을 기리는 풍습이 있었다. 연말이 되자 이 불꽃놀이를 중국 사신들에게 보일 것인지 다시 논의가 일었다. 허조는 계속 반대했다. 12월 24일의 「세종실록」을 보자.

　"염초(화약 원료)를 구워 내는 것은 많은 노력이 들어, 한 해 동안에 1,000여 근밖에 구워 내지 못합니다. 그런데도 불꽃놀이 한번 하는 데 화약을 아주 많이 허비하고 있습니다. 원하건대 지금부터는 비록 사신이 불꽃놀이를 보고자 하더라도, 잠깐 동안만 설치해 화약이 아주 귀하다는 것을 보여야 합니다."
그러자 임금이 말했다.
"염초는 지방에서 구워 내는 것을 제외하면 1년에 1,000근이 되지 않으니 아주 귀한 편이다. 사신이 불꽃놀이를 보는 것은 다만 화약을 허비하는 문제만 있는 것이 아니다. 만일 중국에 변이 생기면, 아무리 조선의 화약이 귀하다고 해도, 이를 청구해 오면 처리하기가 아주 어려울 것이다. 이것이 두려운 일이다. 경의 말이 아주 옳으니 내가 아주 기꺼이 받아들이겠노라."

이처럼 중국 사신에게 불꽃놀이를 감추려 했을 정도로 조선 화약의 성능은 중국보다 앞섰다. 원래 화약은 페르시아인들의 발명품이다. 이것이 몽고를 거쳐 중국으로 들어간 것이다. 우리나라의 화약 제조법은 중국에서 배운 것이니만큼, 그 성능이 앞섰다는 것은 역설이며 또 그만큼 통쾌한 일이다.

중국에서 화약 제조법을 배운 사람은 고려 말의 최무선이다. 「태조실록」에 따르면 그는 천부적으로 기술에 밝고 방법과 계략이 많으며, 군사 방법에 대해 말하기 좋아했다. 고려 시대에 최무선의 벼슬은 문하 부사에까지 이르렀다. 그가 화약에 관심을 가진 것은 "왜구를 누르는 데는 화약만한 것이 없다"는 생각 때문이었다. 태조 4년(1396) 4월 19일 최무선의 죽음을 다룬 「태조실록」에는 그가 화약을 만들기까지 들인 노력에 대해 이렇게 기록하고 있다.

국내에 아는 사람이 없었기 때문에 최무선은 항상 중국 강남에서 오는 상인이 있으면 곧 만나보고 화약 만드는 법을 물었다. 한 상인이 대강 안다고 대답하므로, 자기 집에 데려다가 의복과 음식을 주고 몇 십 일 동안 물어서 대강 요령을 알았다. 그 뒤 의정부에 시험해 보자고 말했으나, 모두 믿지 않고 최무선에게 거짓말한다고 험담까지 했다.

그러나 최무선은 여러 해를 두고 의견을 올렸다. 마침내 그 성의에 감동해 화약국을 설치하고 최무선을 제조 책임자로 삼아 드디어 화약을 만들어내게 되었다. 그 화포는 대장군포·이장군포·삼장군포·육화석포·화포·신포·화통·화전·철령전·피령전·질려포·철탄자·천산오룡전·유화·주화·촉천화 따위의 이름이 있었다. 기계가 만들어지자 보는 사람마다 모두 놀라고 감탄했다. 또 전함을 연구해 의정부에 말해서 모두 만들어냈다.

경신년 가을에 왜선 3백여 척이 전라도 진포에 침입했을 때 조정에서는 최무선의 화약을 시험해 보고자 했다. 그리하여 최무선을 부원수에 임명하고 도원수 심덕부, 상원수 나세와 함께 배를 타고 화포를 싣고 진포에 이르렀다. 왜구는 화약이 있는지 알지 못하고 배를 한 곳에 집결시켜 힘을 다해 싸우려고 했다. 그러자 최무선이 화포를 발사해 그 배를 모두 태워 버렸다.

배를 잃은 왜구는 육지에 올라와서 전라도와 경상도까지 노략질하고 운봉에 모였는데, 이때 태조가 병마도원수로서 참가해 여러 장수들과 함께 왜구를 한 놈도 빠짐없이 섬멸했다. 이때부터 왜구가 차츰 줄어들고 항복하는 이가 시로 잇달아 나타나서, 바닷가의 백성들이 생업을 회복하게 되었다.

조선이 개국한 뒤에 최무선은 늙어서 현역으로 일하기 어려웠다. 그러나 태조 이성계는 그의 공을 생각해 직접 검교 참찬(명예 참찬, 정2품)이라는 벼슬을 내렸다.

이처럼 조선 초기부터 화약의 중요성은 각별하게 생각되었으며, 화약의 제조·보관·사용 및 보안에 관한 왕들의 관심도 아주 컸다. 그 가운데서도 세종대왕은 특히 화약에 관심이 많았다. 세종 8년(1426) 12월 13일에는 영동의 해안 고을에서는 화약 재료인 염초를 굽지 못하도록 지시했다. 염초를 제작하는 방법이 일본으로 전해지는 것을 막기 위해서였다. 또 세종 13년(1431) 10월 15일에는 군기감(각종 병기의 제작 보관을 담당하는 부서)의 화약 창고를 다른 건물이 없는 너른 땅으로 옮기도록 했다. 민가와 화약 창고가 같이 있으면 화재가 일어날 가능성이 크기 때문이었다.

군대의 화약 사용을 얼마나 중요시했는가는 세종 28년(1446) 1월 26일의 「세종실록」에 상징적으로 나타나 있다. 곧 이날 의정부를 통해 병조에 내린 지시에 따르면, 군기감에서 근무해 화약 다루는 기술을 익힌 사람은 그만둔 뒤에도 소재를 파악해 위급할 때에 동원할 수 있도록 하라는 것이었다. 또 그 사람이 살고 있는 지역의 관리에게 불시에 점검하도록 하고 먼 지방으로 왕래하는 것을 삼가도록 지시했다. 요즘으로 치면 일종의 동원 예비군, 그 가운데서도 특수 병과 출신의 동원 예비군 같은 제도였다.

국방 예산이 전체 예산의 3분의 1이 넘는데도, 첨단 무기의 국산화가 지지부진한 것이 오늘의 현실이다. 그리하여 우리나라는 세계 무기 시장에서 첨단 무기의 주요 수입국으로 각광받고 있다. 하지만 각 나라의 이해가 걸린 최첨단 무기는 돈주고도 사올 수 없는 형편이다. 중국 사람에게서 화약 제조법을 배웠으나 더 우수한 화약을 만들어 낸 최무선과, 그것을 소중히 여기고 관리 발전시킨 세종대왕. 오늘날의 그들은 어디에 있는가?

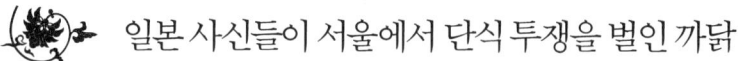 일본 사신들이 서울에서 단식 투쟁을 벌인 까닭

세종 6년(1424) 1월 5일 일본 사신 규주와 그 일행이 단식 투쟁에 들어갔다. 세종대왕은 예조 좌랑 김진을 사신들의 관사로 보내 식사하기를 권고했으나, 사신들은 굳이 사양하고 먹지 않았다. 다음날인 1월 5일에도 규주 일행은 단식 투쟁을 계속했다. 왕이 박희중·이예·윤인보를 보내 음식을 먹기 권했으나, 또한 먹지 않았다. 왜 이 외교관들은 세계 외교사에서도 유례 없는 단식 투쟁을 했는가?

바로 열흘 전인 세종 5년(1423) 12월 25일의 「세종실록」은 일본 국왕의 사신 규주·범령과 선장 구준을 비롯한 135명이 대궐에 들어와 토산물을 바치자, 왕은 이들이 이미 올린 일본 국왕의 글에 이렇게 답변했다고 기록했다.

"너희 국왕이 요구한 대장경 판은 우리나라에 오직 한 본 밖에 없으므로 요청에 응하기 어렵다. 다만 밀교 대장경 판과 주화엄경 판, 한자 대장경의 전부를 보내려고 한다."

그러자 규주가 대답했다.

"저희 왕이 해마다 사람을 보내 대장경 판을 요청해 번거롭게 하지나 않을까 염려하고 있습니다. 그러나 한번 경판을 하사하시면 앞으로는 경판을 청구하는 번거로움이 없을 것입니다. 그런데 밀자(산스크리트 문자)는 저희 왕이 원래 해독하지 못합니다. 그러므로 만약 한자본 대장경 판을 하사하신다면, 저희 왕은 반드시 진심으로 감사하고 기뻐할 것이며, 신이 사절로 온 것도 함께 영광스런 일이 될 것입니다."

그러나 세종대왕은 다시 거부했다.

"한자 본은 역대 왕으로부터 전해 내려온 것이 다만 한 본뿐이다. 만약 겹쳐서 여러 벌 있다면, 굳이 아껴 너희 국왕에게 주지 않으려는 마음이 있겠느냐."

이때까지만 해도 그들은 쉽게 포기하는 듯 했다. 규주는 "성상의 하교가 자상하시니 깊이 감사하고 또 깊이 감사하옵니다. 신들도 또한 잘 헤아려서 아뢰겠나이다"라고 대답하고 물러났다.

사신들을 접견하기 전에 세종대왕은 일본 국왕이 보낸 글을 보고, "이제 대장경 판은 우리에게 무용지물인데 이웃 나라에서 달라고 하니 주는 게 어떤가"고 신하들에게 물었다. 조선 건국이래 불교를 배척하고 유교를 숭상하던 국가 정책을 펴 왔으니, 불교 경전을 인쇄하는 데 쓰는 대장경 판이 무용지물 아니냐는 것이다. 그러나 신하들은 다른 이유로 극력 반대하고 나섰다.

비록 경판은 아낄 물건은 아니지만, 지금 일본이 계속 요구한다고 해서 일일이 따르다가 나중에 줄 수 없는 물건을 요구하면 곤란해집니다. 이는 먼 앞날을 내다보는 것이 못 됩니다.

그러자 왕은 신하들의 말을 받아들였다. 오늘날 국보로 지정된 팔만대장경이 짐깐이나마 일본으로 건너갈 지 모르는 위기의 순간이었다. 독실한 불교도였던 일본 국왕이 대장경 판을 요청한 것은 이번이 두 번째였다. 따라서 두 번째로 거절당한 것이다.

규주를 비롯한 일본 사신은 그냥 물러설 수 없었다. 그래서 재고를 요청하는 글을 다시 올렸지만 또다시 거절당했다. 그리하여 해를 넘겨 1월 4일에는 마지막 수단으로 단식 투쟁에 돌입한 것이다. 단식 투쟁은 오래가지 않았다. 왕은 1월 6일 박희중 이예 윤인보를 보내 다음과 같은 자신의 말을 전하고 먹을 것을 주라고 명령했다.

> 너희들이 경판을 얻지 못한다고 음식을 끊고 먹지 않는데, 경판을 얻고 얻지 못하고는 음식을 먹고 안 먹는 데에 달린 것이 아니다. 너희들이 사신으로서 한 가지가 뜻에 맞지 않는다고 경솔하게도 단식을 하며 트집을 부리려 하니, 이 어찌 사신의 체통이라 하겠는가.

규주 일행은 이 말을 듣고서야 단식을 풀고 음식을 먹었다. 그러나 일이 여기서 끝난 건 아니었다. 규주 일행과 함께 온 가하라는 일본 승려가, 규주가 일본 국왕에게 보내는 편지를 몰래 빼내 조선 관리에게 넘겼다. 가하에게서 그런 편지가 있다는 말을 들은 이춘발이라는 조선 관리가 후한 포상을 약속하며 가하를 부추겼던 것이다. 편지에는 이렇게 쓰여 있었다.

지금 조선에 와서 힘써 대장경 판을 요구했으나 얻지 못했다. 그러니 전함 몇 천 척을 보내 약탈해 돌아가는 것이 어떤가.

조선의 조정은 크게 놀라지 않았다. 왜냐하면 일본에 포로로 갔다가 돌아온 조선 사람의 제보가 미리 있었기 때문이다. 그가 듣고 전한 이야기는 이러했다.

대마도에 있을 때, 일본 국왕이 도주에게 "이제 조선에 사신을 보내 대장경판을 구하려 한다. 만약 허락하지 않으면 침략하는 방법을 쓸 것이니, 너희들도 전함을 수리해 따라야 한다"고 통고했다.

왕은 이 보고를 듣고 "비록 저들이 말못할 악한 짓을 하려고 해도, 우리는 관대하게 대하는 것이 어떻겠느냐"며 더 이상 문제 삼지 않았다. 한편 편지를 빼돌린 가하는 일본 사신들에게 잡혀 감금당했고, 일본 사신들은 가하의 조작극이라며 발뺌했다.

이듬해인 세종 7년(1425) 5월 범령은 다른 사신들과 함께 다시 조선을 찾았고, 대장경판을 요청하는 일본 국왕의 편지를 다시 올리고 또다시 거절당했다. 거듭 실패했는데도 범령은 일본 사신으로서 조선을 계속 방문했다. 그리고 세종 14년(1432) 5월

4일 부산포에서 죽었다. 이 소식을 듣고 세종은 신하를 보내 범령의 빈소에 문상하도록 했다.

조선 시대의 가장 아름다운 기생은?

기생 만덕이 어떻게 돈을 벌었는지는 알 수 없다. 전해 내려오는 이야기에 따르면, 제주도 기생 만덕은 자신의 출신이 궁금해 이를 파헤치다가 자신의 성이 김씨며 원래 양반집 딸이었다는 것을 알게 되었다. 또한 어머니가 일찍 죽어 의탁할 곳이 없어 기적에 이름이 올려졌다는 사실도 발견했다. 그러자 만덕은 제주목사(정3품)에게 호소해 기적에서 이름을 빼고 양인이 되었다고 한다. 그 뒤 만덕은 혼인도 마다하고 돈을 벌어 처녀 부자가 되었다.

이때 제주도엔 심한 기근이 들었다. 정조 20년(1796) 1월의 「정조실록」에 따르면 제주의 3읍의 인구가 1년 사이에 6만 2,698가구에서 4만 7,735가구로, 곧 1년 사이에 1만 7,963가구가 줄어들 정도였다. 이처럼 무려 2만여 가구가 굶어 죽거나 병들어 죽자 조정에선 제주목사를 인책하기에 이르렀다. 그러나 목사를 갈아치운다고 굶주리는 사람이 없어질 수 있겠는가?

나라에서 내려보낸 구휼 양식도 턱없이 부족할 때, 기생 만덕은 자신의 재산을 풀어 굶주린 사람들에게 양식을 나눠주었다. 이에 제주목사는 기생 만덕의 선행으로 새 곡식이 날 때까지 제주의 기근이 수습되었다는 보고문을 조정에 올렸다. 1796년

11월 25일의 「정조실록」에는 기생 만덕의 선행을 보고받은 왕의 지시가 기록되어 있다.

제주의 기생 만덕이 재물을 풀어서 굶주리는 백성들의 목숨을 구했다고 목사가 보고했다. 상을 주려고 하자, 만덕은 사양하면서 바다를 건너 상경해 금강산을 유람하기를 원했다. 왕은 이를 허락해주고, 금강산 가는 길에 들르게 될 고을의 수령들이 만덕에게 길 양식을 지급하도록 했다.

여성은 제주를 벗어날 수 없게 한 월해금법(越海禁法)이 있는데도 왕은 만덕의 육지행을 허락했으며, 그녀의 금강산 여행 경비까지 제공했던 것이다.

기록에 따르면 만덕은 내의원 의녀장이라는 명예 벼슬까지 얻어 정조를 알현했으며 금강산 구경을 마친 뒤 제주로 다시 돌아갔다. 당시 영의정 채제공은 만덕을 만나 "내 삶을 돌이킬 수 없으니 한탄스럽다"는 말을 했으며, 나중에 그의 문집에 "천하에 남자가 많지만 보잘것없는 여자만도 못하니 이 또한 어찌된 일인가" 하며 개탄하는 글을 남겼다. 황진이보다 아름다운 조선의 기생 만덕을 가리키는 말이었다.

 조선 시대에는 남편도 육아 휴가를 받았다

직장에 다니는 부인이 아이를 출산하면 직장에선 출산 휴가를 주게 되어 있다. 법으로 이렇게 정한 이유는 아이를 낳은 산모의 건강을 보호하고 또 아이를 돌볼 시간을 줌으로써 아이의 건강을 돌보자는 뜻에서다. 물론 선진국일수록 출산 휴가가 길다. 또 유럽의 일부 선진국에선 남편에게도 육아 휴가를 주고 있다. 핵가족 시대인 현대에 산모인 부인 혼자서 갓난아기를 돌보기 어렵기 때문이다.

이렇게 보면 세종대왕은 선진국의 왕이었음이 분명하다. 세종 8년(1426) 4월 17일 왕은 관청의 계집종이 아이를 낳으면 1백 일 동안 휴가를 주도록 하고 이를 규정으로 삼도록 형조에 지시했다. 이때 세종의 나이 29세였다. 비록 한 나라를 다스리는 왕이라고는 하나 29세의 청년으로 노비의 출산 휴가까지 염려하는 대목에서 그 안목의 넓고 깊음에 경탄하지 않을 수 없다. 나아가 세종 12년(1430) 10월 19일 왕은 산전 휴가 30일을 추가하는 조치를 내린다.

옛적에 관가의 노비가 아이를 낳을 때에는 반드시 출산하고 나서 7일이 지난 뒤에 일하게 했다. 이것은 아이를 내버려 두고 일하면 어린아이가 해롭게 될까봐 염려한 것이다. 일찍이 100일 동안의 휴가를 더 주게 했다. 그러나 출산이 가까워 일했다가 몸이 지치면 미처 집에까지 가기 전에 아이를 낳는 경우가 있다. 출산 전 1개월 동안의 일을 면제해주면 어떻겠는가. 상정소에 명해 이에 대한 법을 제정하게 하라.

산전 휴가 30일에 산후 휴가 100일까지 모두 130일의 출산 휴가가 보장된 것이다. 7일의 출산 휴가가 130일로 늘어났으니 획기적인 조치가 아닐 수 없다. 세종대왕은 여기서 그치지 않고 1434년 4월 26일 남편의 육아 휴가 제도를 실시한다.

여종이 아이를 배어 산달이 된 사람과 산후 100일 안에 있는 사람은 사역을 시키지 말라 함은 일찍이 법으로 세웠다. 그러나 그 남편에게는 전혀 휴가를 주지 않고 그전대로 일을 하게 해 산모를 구호할 수 없게 된다. 부부가 서로 돕는 뜻에 어긋날 뿐 아니라, 이 때문에 이따금 목숨을 잃는 일까지 있어 진실로 가엾다 하겠다. 이제부터는 사역인의 아내가 아이를 낳으면 그 남편도 만 30일 뒤에 일을 하게 하라.

남편에게 육아 휴가를 주는 제도는 선진국에서도 아주 최근에 도입되고 있는 점으로 미루어, 세종대왕의 이러한 조치는 아마도 세계 최초가 될 것이다. 한편 말도 많고 탈도 많았던 우리 나라 노동법은 산전·산후 모두 합해 60일의 출산 휴가를 갖도록 규정되어 30여 년 동안 유지되다가, 2001년 말 6주 즉 42일로 줄이자는 경영계와 90일로 늘여야 한다는 노동계와 여성계의 주장이 엇갈리는 가운데, 노동계와 여성계의 끈질긴 노력에 힘입어 90일로 늘어나게 되었다.

부모의 은혜는 가볍다!

임진왜란이 시작되어 왜군이 부산에 상륙한 이튿날인 1592년 4월 14일. 부산을 방어하던 두 명의 장수가 이 전쟁에서 처음으로 전사했다. 바로 부산 첨사(종3품 무관) 정발과 동래 부사 송상현이었다. 『조선왕조실록』은 이 두 명의 장수에 대한 자세한 기록을 전하고 있다.

부산포의 수비대장 정발 장군은 이 전쟁에서 전사한 최초의 장수였다. 그는 4월 13일 부산 앞바다 절영도에서 사냥을 하다가, 바다를 뒤덮은 왜선들을 보고 조공하러 오는 왜라 여기고 대비하지 않았다. 나중에 황급히 성으로 돌아온 정발 장군은 사력을 다해 성을 방어했다. 그러나 14일 새벽에 적이 성을 백 겹으로 에워싸고 서쪽 성밖의 높은 곳에 올라가 포를 비오듯 쏘아대었다. 정발이 서문을 지키면서 한참 동안 대항해 싸웠는데 적의 무리 가운데 화살에 맞아 죽은 자가 아주 많았다. 그러나 화살이 다 떨어져 정발이 적의 탄환에 맞아 전사하자 성이 마침내 함락되었다.

한편 동래부사 송상현은 적이 바다를 건넜다는 소문을 듣고 지역 안의 주민과 군사, 그리고 이웃 고을의 군사를 불러 모두 데리고 성에 들어가 지켰다. 병마절도사(종2품 무관, 지역 사령관

겸임) 이각도 병영에서 달려왔다. 그러나 조금 지나서 부산이 함락되었다는 소식을 듣고는 겁을 먹고 어쩔 줄 모르면서 핑계대기를 "나는 대장이니 외부에 있으면서 협공하는 것이 마땅하다. 즉시 나가서 소산역에 진을 쳐야 하겠다"고 했다. 송상현이 남아서 같이 지키자고 간청했으나 그는 따르지 않았다. 성이 마침내 포위되자 송상현은 성의 남문에 올라가 전투를 독려했으나 한나절만에 성이 함락되었다. 송상현은 갑옷 위에 조정에 나아갈 때 입는 예복을 입고 의자에 앉아 움직이지 않았다.

왜장 다이노모리 히라시는 일찍이 동래에 왕래하면서 송상현의 대접을 후하게 받았다. 이때 그가 먼저 들어와 손을 들고 옷을 끌며 빈틈을 가리키면서 피해 숨도록 했으나 송상현이 따르지 않았다. 적이 모여들어 생포하려 하자 송상현은 발로 걷어차면서 저항하다가 마침내 해를 입었다.

성이 막 함락되려고 할 때에 송상현은 죽음을 면하지 못할 것을 알고 스스로 부채에다 다음과 같이 적었다.

달무리처럼 포위당한 외로운 성	孤城月暈
대진의 구원병은 오지 않는데	大鎭不救
군신의 의리는 중하고	君臣義重
부자의 은혜는 가벼워라	父子恩輕

송상현은 이 부채를 가노(家奴)에게 주어 그의 아버지 송복흥에게 돌아가 보고하게 했다. 죽은 뒤에 왜장 히라하야 마코토

가 보고서 탄식을 하며 시체를 관에 넣어 성밖에 묻어주고 푯말을 세워 식별하게 했다. 송상현에게 천인 출신의 첩이 있었는데, 적이 그를 더럽히려 하자 굴하지 않고 죽었으므로 왜인들이 그를 의롭게 여겨 송상현과 함께 매장하고 표시를 했다. 또 양인 출신의 첩도 잡혔으나 처음부터 끝까지 굴하지 않자 왜인들이 공경해 별실에 두었다가 나중에 돌아가게 했다.

　송상현은 기량이 탁월했으며 시를 잘 짓는 것으로 이름이 났다. 경인년에 간관(사헌부와 사간원의 벼슬아치를 모두 이르는 말)이 되고, 신묘년에 부사로 나갔는데, 실상은 배척당한 것이었다. 갑오년에 병마절도사 김응서가 울산에서 왜장 가토 기요마사를 만났을 때, 가토 기요마사는 그가 의롭게 죽은 상황을 자세히 이야기 했다. 또 집안 사람이 시체를 거두어 장사를 지내도록 허락하는 한편 경내를 벗어날 때까지 호위해주었다. 이때 적에게 함락된 유민들이 길에서 둘러서서 울며 전송했다.

　부모의 은혜가 어찌 가벼울 수 있겠는가? 그러나 모순된 표현이지만 세상에는 '가장 중요한 것보다 더 중요한 것' 도 있을 수 있는 것이다. 사람들은 이를 대의(大義)라 부른다. 7년에 걸친 일본과의 전쟁에서 수많은 전사자가 발생했다. 그러나 싸우다 죽은 장수들은 실로 몇 되지 않았다. 정발과 송상현은 직무를 다하고 대의를 위해 죽은 많지 않은 공직자에 포함되는 경우였다. 전쟁이 많았던 반면, 전쟁 때 싸우다 죽어 후세에까지 국민의 존경을 받는 장군은 많지 않았던 우리 역사에서, 그들은 군인과 공직자의 명예를 드높인 사람들이었다.

02

임금도 감추고 싶었던 사생활이 있었다

중종은 하마터면 여자 사관을 둘 뻔 했다는데….
임금의 사생활까지 감시하고 기록하고자 했던 신하들에 맞서
임금은 어떻게 이 위기를 모면했을까? 권력자의 사생활은 고사하고
공생활을 기록하는 사관도 없는 우리의 현실이 개탄스럽다.

낙타를 수입하지 않은 세 가지 이유

1486년 성종은 중국으로 떠나는 사신에게 낙타를 사오도록 했다. 낙타는 무거운 짐을 싣고 멀리 갈 수 있으니 군사를 일으킬 때 양식을 나르기 좋다는 것이었다. 그러자 사헌부 대사헌 이경동이 반대하고 나섰다. 성종 17년(1486) 9월 19일의 「성종실록」은 이경동이 든 반대 이유를 소개하고 있다.

흑마포 60필을 보내 중국에서 낙타를 사들이는 일은 작은 일 같기는 하나 실은 중요합니다. 낙타는 먼 지방의 기이한 동물인데 비싼 값으로 중국에서 구하는 것은, 앞으로 중국의 식견 있는 자가 듣는다면 전하께서 조그마한 행위를 삼가지 않아 성덕에 누가 된다고 하지 않겠습니까? 이것이 불가의 첫 번째 이유입니다.

고려 태조는 삼한을 통합한 어진 임금으로 일컬어집니다. 그때 거란에서 낙타를 보내오자 태조가 다리 밑에 매어두라고 명해 굶겨 죽였는데, 이제현이 이를 논하기를, "태조께서 이렇게 한 까닭은 거란인들의 간사한 계책을 꺾고 후세에 사치하는 마음을 막으려는 것이었다"고 했습니다. 전하께서는 성품이 넓고 밝아 백왕 가운데 뛰어나신데 낙타 한 가지 일에 도리어 고려 태조의 근엄한 것만도 못하시겠습니까? 이것이 불가의 두 번째 이유입니다.

　우리나라는 해마다 기뭄으로 흉년이 들어 조정과 백성이 다 궁핍해 조세로 거두는 것이 아주 직습니다. 흑마포 1필의 값은 정포 10필인데, 흑마포는 시장에서 나오므로 장사하는 집에서는 실로 쉽게 장만되나 정포는 농부가 내는 세금에서 나오므로 1필을 콩 10말로 칩니다. 이제 낙타의 값은 흑마포 60필인데 정포로 계산하면 600필이며, 콩으로 치면 6,000말이고, 가마로 하면 400가마입니다. 이 쓸데없는 짐승을 사려고 전세 400섬의 콩을 쓰니 그 경비가 어떻겠습니까? 이것이 불가의 세 번째 이유입니다.

　삼가 바라건대 전하께서는 검소한 덕을 숭상하고 낭비를 줄이고 절약해 먼 지방의 물건을 보배롭게 여기지 마시고 삼가소서. 그러면 아주 다행이겠습니다.

구구절절이 옳은 말에 성종도 따르지 않을 수 없었다.

　당초의 내 마음은 이 짐승을 귀하게 여긴 것이 아니다. 중국에서 출정할 때 쓴다고 하기에 내가 사서 시험하려 했을 뿐, 애완하기 위함이 아니다. 이제 바른 의논을 들었으니 즐거이 따르겠다.

그 왕에 그 신하인 셈이다. 절대 권력을 쥐고 있는 왕이 낙타 한 마리를 사겠다는 데도 도리에 맞지 않으면 신하가 시비를 걸었다. 사실 낙타를 들여 와 시험해 보려던 왕의 생각도 크게 잘못된 것은 아니었다. 그러나 가뭄으로 흉년이 들던 때에 상징적 존재였던 왕이 '모범적으로 근신하는 자세'를 보이는 것은 더 큰 의미를 갖는 것이기도 했다.

문제 제기가 타당하면 왕도 이를 기꺼이 수용하는 실로 아름다운 모습이다. 오늘 우리에게 이경동 같은 이는 있는가?

 귀걸이를 한 남자들

　인간의 도전 의식과 실험 정신은 문명의 발달을 가져온 원동력의 하나며, 오늘과 같은 산업 사회를 일으킨 필수 요소이기도 하다. 그러나 때때로 인간의 도전 의식과 실험 정신이 문명과 산업의 발달에 아무런 생산적인 영향을 끼치지 못하는 일이 있다. 좀더 예뻐 보이려 하거나 자신을 다른 사람과 좀더 다르게 보이고 싶어하는 사람들의 노력이 바로 그러하다.
　대개 이들은 여성이다. 이들의 도전과 실험은 자못 처절하기까지 한데, 요즘에는 콧잔등에 구멍을 뚫고 보석류를 박거나 배꼽 살에 구멍을 뚫고 배꼽걸이를 하거나 발목걸이를 하는 데까지 이르고 있다. 남성들은 여성들보다 체면을 중시하고 위선적이어서 그런지 이 방면의 도전과 실험에 아주 소극적인 편이다. 그러나 요즘 체면을 '극복'한 일부 청년과 소년들은 한쪽 또는 양쪽 귀에 구멍을 뚫고 귀걸이를 다는 따위의 새로운 도전을 과감히 시도하기도 한다.
　물론 이러한 도전과 실험의 역사는 아주 오래된 것이다. 『조선왕조실록』은 이같은 도전과 실험에 남성들도 일찍이 참가하고 있음을 증언하고 있다. 남성들 사이에 귀걸이를 하는 풍조가 퍼져 가자 왕이 직접 나서서 금지령을 내린 것이다. 선조 5년

(1572) 9월 22일 왕이 말한다.

신체 발부는 부모에게 물려받는 것이니 감히 훼손하지 않는 것이 효의 시작이라고 했다. 우리나라의 크고 작은 사내아이들이 귀를 뚫고 귀걸이를 달아 중국 사람에게 비웃음을 받으니 부끄러운 일이다. 앞으로는 이러한 오랑캐의 풍속을 모두 고치도록 널리 알려라. 서울은 이 달을 기한으로 하되 만일 꺼리어 따르지 않는 사람은 엄하게 벌을 주도록 할 것이다.

신라 고분에서 남녀의 귀걸이가 출토되고 있는 데서 알 수 있듯이, 남성의 귀걸이 착용의 역사는 길다. 그러나 체면을 중요하게 여기는 유교 사회 조선에서 귓불에 구멍까지 뚫고 고리를 끼워 다는 행위는 탄압받을 수밖에 없었다. 이때문에 조선 중기 이후 여성들도 귀에 구멍을 뚫지 못하고 귓불을 무는 귀걸이만 달 수 있었다. 그러니까 요즘 일부 남성들의 귀걸이 다는 풍조는 조선 중기 이후 두 번째 도전이자 실험인 셈이다.

가발과의 전쟁, 누가 이겼나?

오늘날과 같은 세계화 시대에 국경이 갖는 의미는 차츰 줄어들고 있다. 그러나 세계화 시대 이전에도 국경을 예사로이 무시하며 넘나들던 것이 있었으니, 바로 사랑과 예술 그리고 유행이었다. 조선 후기에 왕과 대신들이 많은 시간을 소비해 가며 문제로 삼았던 여인들의 가발은 국경을 넘어온 유행 가운데 하나다. 우리나라에 가발 쓰는 풍조가 퍼진 것은 고려 시대부터다. 원래 몽고의 풍습이었던 가발은 원나라가 중국을 지배하던 시절에 고려로 들어온 것이다.

가발은 다른 사람의 머리카락으로 만들었는데, 머리카락의 양이 많을수록 더 많은 멋을 부릴 수 있었으며 자연히 값이 비쌀 수밖에 없었다. 양반집 부녀자들의 사치가 날로 성하던 조선 후기에는 가발 사치가 유행해 서로 높고 큰 가발을 쓰느라 경쟁이 치열했다. 이렇게 되자 영조 32년(1756) 1월 16일 왕이 직접 나서서 가발을 금지하고 족두리를 쓰도록 지시했다. 그러나 가발 유행은 왕의 지시 한 번으로 없어지지 않을 기세였던 모양이다. 영조 33년(1757) 11월 1일 「영조실록」을 보자. 왕은 부녀자들의 가발을 금지하라고 하교를 내렸는데 홍봉한이 이렇게 말했다.

백성들의 집에서 혼례 때 가발을 사기 위해 심지어는 가산을 탕진하는 지경까지 이르렀습니다. 그러므로 금지령이 한 번 내리면 온 도성이 반드시 환영할 것입니다. 하지만 나라의 법률로 정한 뒤라야 비로소 금지할 수 있습니다.

「영조실록」에 따르면 이날의 대화에서 왕이 가발을 금지하고 족두리를 쓰게 하자고 말하면서도 족두리에도 온갖 사치를 부리는 폐단이 생길 새로운 가능성에 대해 염려할 정도였다. 그 무렵 이러한 사치 풍조의 유행은 부녀자들에게만 있는 것이 아니었다. 본디 당하관의 관복은 청록색의 녹포였는데 임진왜란 병자호란 뒤에 홍포로 바뀌어 중국 사람들이 군신이 같은 복장이라고 비웃을 정도였다. 이 또한 선홍색을 귀하게 여기는 사치 풍조에서 온 것이다.

영조의 가발 금지령은 성공하지 못했다. 그리하여 '가발과의 전쟁'은 다음 왕인 정조 시절로 연장되었다. 정조 12년(1788) 10월 3일 비변사에서는 구체적인 '전투 지침'을 발표했다.

1. 가발 대신 머리를 땋아 뒤에 쪽을 찌는 형식으로 대신한다. 머리에 쓰는 것은 반드시 족두리를 사용하되, 무명으로 만든 것이나 얇게 깎은 대나무로 만든 것이나 가릴 것 없이 모두 검은 천으로 겉을 싼다.
1. 이번의 금지령은 오로지 사치를 없애겠다는 상감의 뜻에서 나온 것이다. 그러므로 대용한다는 핑계로 여전히 족

두리를 칠보 따위로 장식한다면, 제도를 고쳤다는 이름만 있고 검소함을 꾀하려는 내용은 없어지는 것이다. 따라서 머리를 장식하는 금옥 주패 및 진주 낭개 신주 투심 따위를 모두 금지한다.

1. 족두리의 장식을 금지하는 것이 이미 금지령에 있으니, 혼인할 때 착용하는 칠보 족두리를 세놓거나 세내는 것부터 먼저 금지한다. 금지령을 공포한 뒤에 이를 어기는 사람은 누구든지 모두 법사로 이송해서 처벌한다.
1. 서울은 동짓날을 기한으로 정하고, 지방은 동짓날에 맞추어 관문을 발송하고 관문이 도착한 뒤 20일을 기한으로 정해 일제히 행한다.
1. 기한을 정한 뒤에도 금지령을 따르지 않는 사람이 있으면, 적발되는 대로 그 가장을 특별히 엄하게 다스린다.

비변사의 지침이 보고되자 일부 대신들이 반기를 들었다. 이들은 왕에게 이렇게 말했다.

가발을 이미 족두리로 대신했기 때문에 부녀자들의 귀천의 표시가 없어졌으니, 지침을 시정하는 것이 옳습니다. 각자 남편의 직위에 따라 금이나 옥으로 만든 패를 품계에 따라 족두리 위에 붙여 등급을 표시하는 것이 좋겠습니다.

왕이 다른 신하들에게 의견을 물으니 예조판서 이재간과 도승지 심풍지만이 전에 없던 격식을 새로 만들어 낼 필요가 없다고 반대했다. 그러자 왕이 단호하게 말했다.

지금 평복 가운데 평복이요 사복 가운데 사복인 족두리에 갑자기 바둑알만한 옥조각이나 금덩이를 붙일 수 있겠는가. 그렇다면 칠보로 장식한 것을 세내어 쓰는 것과 무엇이 다르겠는가. 문명으로 야만을 변화시키겠다는 뜻을 이미 말한 바 있는데, 족두리 위에 추가로 단다면 도리어 본 뜻에 어긋나는 것이다.

그러나 이같은 왕명도 가발 사치를 없애지 못했다. 가발 유행을 없앤 것은 명령이 아니었다. 파마머리니 단발머리니 하는 새로운 유행이었다.

조선 시대 학생 데모의 구호 소리
"아이고, 아이고"

　1996년에 있었던 '연세대 사태'처럼, 학생들의 과격한 생각과 행동이 언제나 사회의 호응을 받는 것은 아니다. 그러나 일본 제국주의 지배 아래 3·1운동, 광주항일학생운동을 비롯해서 4·19혁명과 그 뒤의 민주화 운동들에서 드러난 학생들의 정의감과 과감한 행동은 우리 역사의 발전에 크게 기여한 것 또한 사실이다. 학생들의 이러한 과감성은 아직 때묻지 않은 청년기의 순수함과 함께, 먹고사는 문제에 크게 얽매어 있지 않은 신분 조건 또한 크게 작용하는 것이다.

　조선 시대의 학생들도 마찬가지였다. 중종 14년(1520) 11월 16일 성균관의 유생 이약수를 비롯한 150여 명이 대궐문을 밀고 몰려 들어가 통곡하며 농성하는 사건이 일어났다. 개혁 정치가 조광조를 처벌하지 말라는 시위를 벌인 것이다.

　성균관을 비롯한 학교의 유생들이 자신의 뜻을 표현하는 방식으로는 상소를 써서 올리는 것과 집단 행동을 하는 것 두 가지가 있었다. 집단 행동이란 '권당'이라 해 교실을 비우는 것을 말하는데 요즘으로 치면 바로 동맹 휴학과 같은 것이다. 권당에도 교실에 앉아 눈 뜬 장님 행세를 하는 청맹 권당과 위의 예처럼 '아이고, 아이고' 하며 곡성을 내면서 대궐까지 나아가는 호곡

권당 따위의 여러 가지가 있었다. 학생들의 권당은 학교의 선생이나 학교장을 파면시키라는 요구부터 국가 대사에 관여하는 것까지 다양했고, 대개 몇 사람의 주동자만 처벌하는 것으로 관대하게 다뤄졌다. 또 처벌이래야 '정거'라 해 과거를 보는 자격을 몇 년 동안 정지시키는, 오늘날의 유기 정학 정도로 그쳤다.

그러나 어느 시대에나 학생은 역시 학생인지라 학생들의 말과 행동은 그 무렵의 사회 규범에 비추어 볼 때 파격적이라 할 만큼 과격할 때도 있었다. 영조는 왕위에 오른 초기부터 탕평책이라 해 당파 사이의 격한 대립을 없애기 위해 당파의 등용과 처벌에 절충하는 태도를 취했다. 그러자 학생들이 반발했다. 영조 3년(1727) 7월 12일 왕이 항의 시위를 하는 성균관 유생들에게 학교로 돌아갈 것을 명하자 이들은 왕명을 따르지 않고 글을 바쳤는데, 거기에서는 이렇게 말하고 있다.

하늘 아래 성토하지 않아서는 안 될 일은 역적질이고 국가에서 밝히지 않아서는 안 될 일은 옳고 그름입니다. 그런데 전하께서는 역적질의 죄악을 시원스럽게 바로잡지 못할 뿐더러 또다시 역적들을 모두 풀어 주셨습니다. 또한 잘못된 글의 옳고 그름을 밝히지 못할 뿐더러 숙종께서 남긴 가르침을 모두 바꾸시니, 온 나라의 신하들과 백성들이 모두 놀라고 수상히 여깁니다.

전하께서는 충과 반역을 혼동하고 옳고 그름을 모호하게 하는 것을 붕당을 깨뜨리는 방도로 여기시나, 저희들은 선악을 분별하고 옳고 그름을 명확히 하는 것을 붕당을 깨뜨리는 방도로 여깁니다. 저희들이 주장하는 것과 전하께서 좋아하시는 것이 서로 차이가 있으니, 이와 같이 되면 마땅히 저희들의 말을 굳게 물리쳐 받아들이시지 않을 것입니다.

세상을 뒤엎고 왕권을 휘어잡고자 모반을 일으킨 사람이 아니고서는 이처럼 왕을 직접 비판하고 왕명을 거부하는 사람이 있을 수 없던 시절이었다. 왕이 앞장 선 유생에게 유기 정학 3년을 명하고 다들 돌아갈 것을 지시하자 유생들은 또다시 상소를 올렸다.

저희가 아뢴 것은 다만 역적의 죄를 성토해 군신의 큰 의리를 엄하게 하려는 것입니다. 이것은 실로 하늘의 뜻이고 땅의 의리인데, 이제 상감께서 저희의 말이 옳은지는 묻지 않고 오직 꺾으려고만 하고 있습니다. 이것은 저희의 주장에 지적하고 물리칠 만한 것이 없기 때문에 애매한 말로 얼버무리면서 막으시는 것이겠습니다. 전하께서 억지로 협박하고 뜻대로 얽매려 하시더라도 저희들은 죽음이 있을 뿐이고 결코 학교로 돌아가지 않겠습니다.

이처럼 왕의 말을 정면으로 반박하고 오히려 왕의 명령을 '협박'이라 규정하는 유생들의 과격하기 짝이 없는 행동이 놀랍다. 뿐만 아니라 이같은 행동이 있었음에도 또 다른 주동자 한 사람을 유기 정학에 처할 뿐 나머지 유생들을 다시 설득하는 왕의 태도도 놀랍기만 하다. 학생 운동을 하기에는 조선 시대가 더 나았던 것인가?

비겁한 사대부와 절개 지킨 여인들

「선조실록」에는 임진왜란으로 전 국토가 유린되던 당시의 참상을 그린 한 폭의 그림에 대해 이렇게 묘사하고 있다.

당시 사람 중에 「유민도(流民圖)」를 그려 올린 자가 있었다. 그 그림에는 죽은 어미의 젖을 물고 있는 아이도 있었고, 상처를 입고 쓰러져 있는 자도 있었고, 구걸하는 사람도 있었고, 자식을 버려 나무뿌리에 묶어 놓은 어미도 있었고, 말을 할 수 없어서 손으로 입을 가리키는 자도 있었고, 나뭇잎을 따서 배를 채우는 자도 있었고, 남의 하인이 되기를 구걸하는 사대부도 있었고, 마른 해골을 씹어 먹는 자도 있었고, 부자간에 함께 누워 있는 사람들도 있었고, 아이를 업고 비틀거리는 어미도 있었다.

어느 시대에나 전쟁이 벌어지면 가장 참혹한 처지에 놓이는 것은 여자와 아이였다. 선조 31년(1598) 3월 1일의 「선조실록」은 그 무렵 수없이 벌어졌을 사건 가운데 하나를 소개하고 있다.

도승지 신식의 딸 신씨는 왜적에게 시부모가 살해당하고 신씨는 남편의 첩과 함께 사로잡히게 되었다. 왜적이 그의 나이가 어린 것을 보고 끈으로 묶어 함께 끌고 가려고 했다. 신씨는 빠져나가지 못할 것을 알고 눈물을 흘리며 첩에게 "나의 뜻은 본디 정해졌다. 죽는 것 외에는 다른 도리가 없다. 너는 꼭 죽을 필요가 없으니 우선은 그대로 따라갔다가 다시 돌아오기를 도모하라"고 말했다.

그리고 나서 칼을 빼어 들고 소리를 높여 왜적을 꾸짖기를 "내가 어찌 감히 너를 따라가 살겠는가. 빨리 나를 죽여라" 하며, 오른손으로는 칼을 잡고 왼손으로는 나무를 휘어잡고는 소리를 더욱 매섭게 질렀다. 왜적이 노해 그의 오른쪽 어깨를 치자 땅에 쓰러져 절명했다. 그의 여종이 주인 아기를 업고서 곁에 숨어 있다가 주인이 해를 당하는 것을 보고, 나와 끌어안자 적이 아울러 살해했다. 그 첩이 끝내 적중으로부터 도망쳐 돌아와 그 전말을 이야기했는데, 그 절개에 탄복해 흐느낌을 멈추지 못했다.

인간의 존엄과 품위를 지키기 어려운 위기 상황에서는 인간의 동물적인 생존 본능이 더욱 강하게 드러나기 마련이다. 그렇기 때문에 인간의 됨됨이는 오히려 위기 상황에서 더욱 잘 드러난다고 할 수 있다. 임진왜란이 시작된 이듬해인 선조 26년(1593) 5월 26일의 「선조실록」은 살기 위해 직무를 방기한 한 사대부를 고발하고 있다. 사헌부가 올린 글을 보자.

왜적이 서울에 들어와 점거하던 때 전에 정랑(육조의 정5품 벼슬)이었던 유덕종은 "성안에 몰래 들어가 내통(內通)하겠다"고 하고 무지한 주민들과 태연하게 거처하면서 조사해 보고하는 일은 하지 않고 단지 살기를 쇠하려는 계책을 했으니, 사대부의 도리를 더럽힘이 심합니다. 그를 사판(관리의 명부)에서 삭제시키소서.

당시 참혹한 위기 상황에서 본분과 직무를 유기한 사대부들이 많아 죽음으로 절개를 지킨 여인들과 아주 대조적인 모습을 보인다. 위 사건을 기록한 사관의 평가와 관점이 재미있다.

나랏일이 이 지경에 이르렀는데도 목숨을 버려 의리를 지킨 사대부들은 아주 적었지만, 죽기를 맹세하고 정조를 지킨 여자들은 곳곳마다 있었다. 우리나라 사대부 집안의 여자들은 평생 동안 한 남편만을 섬기는 것이 그들의 관습이라서 난리를 만난 때에도 스스로 목숨을 끊을 수 있었다. 그러나 사대부들은 평소의 소양이 의리는 알지 못하고 이익만을 추구했기 때문에 생사가 걸려 있는 즈음에 마음이 흔들렸던 것이다. 풍속이 국가적 문제에 이러한 영향을 미치고 있다.

첩을 둘 수 있는데 웬 이혼?

조선 시대는 기본적으로 일부다처가 허용되는 남성의 천국이었다. 물론 당시 조선 시대의 남자들은 그렇게 생각하지 않았을 것이다. 왜냐하면 조선 시대에는 고려 시대와 달리 처와 첩의 구분이 아주 엄격했기 때문이다. 첩을 여러 명 둘 수는 있었지만 처는 오직 한 사람뿐이었다. 수많은 후궁을 두고도 왕비는 한 사람뿐이듯이 본처는 단 한 사람만 둘 수 있었기 때문에, 첩을 몇 사람씩 두고도 일부일처라는 관념 속에 살았다.

첩은 대체로 양인이나 노비의 딸인 경우가 많았다. 양반집 딸로 첩이 되는 경우는 아주 드문 일이었다. 그만큼 처와 첩의 처지는 달랐.

후궁의 소생도 왕이 될 수 있던 왕실과는 달리, 본처의 자식과 첩의 소생 사이에는 신분의 차이가 엄격했다. 이른바 서얼 차별이라 해, 첩의 자식은 과거의 문과에 응시할 자격도 주지 않아 양반이 될 가능성조차 봉쇄되어 있었다.

한편 첩은 경제력과 체력이 뒷받침되는 한 무제한으로 둘 수 있었고, 첩을 들이거나 내쫓을 때 별다른 격식도 없었다. 그러나 한 명만 둘 수 있는 처는, 본처가 죽거나 이혼해서 내쫓는 경우에만 교체가 가능했다. 본처가 죽지 않는 한 이혼을 해야만

첩을 후처로 만들 수 있었던 것이다.

이혼조차 쉽지 않았던 이 시절, 처첩 제도의 모순 속에서 좌충우돌하는 한 편의 코미디 같은 이야기가 성종 12년(1481) 7월 22일의 「성종실록」에 소개되고 있다.

> 황효원은 본디 행실이 경박한 한낱 소인입니다. 그는 부인 신씨에게서 아들이 없자 아들을 얻겠다는 욕심으로 임씨 여자를 첩으로 얻어서 두 아들을 낳았습니다. 그런데 자식을 벼슬 길로 나서게 하기 위해 신씨를 버렸다고 거짓말하고 임씨 여자를 후처로 삼았으나, 사실은 신씨를 버리지 않고 여전히 대우했습니다.
>
> 그 뒤에 두 아들이 적자(처에게서 낳은 아들)가 된 뒤 신씨의 재산을 차지하려고 했습니다. 그리하여 이번에는 임씨 여자를 버렸다고 거짓말하고 다시 신씨와 합했으니, 그 삼강오륜을 어지럽힌 것이 심합니다. 그 뒤에 또 자기의 노비 소근소사와 간통해 아들을 낳고는 벼슬길에 나서게 하려고 '예를 갖추어 혼인했다'고 거짓말을 꾸며 글을 올려 임금을 속였습니다.

이것은 물론 양반들이 자신들만의 기득권을 보호하기 위해 서얼 차별을 엄격하게 했던 시절이 만든 사건이었다. 오늘날 비록 서얼 차별 제도는 없어졌지만 이 사건을 코미디로만 여길 수 없는 사람들은 우리의 주변에도 여전히 있다. 예컨대 재혼한 어머니가 데리고 들어온 자식은 성이 다르다는 이유로 의붓아버지의 호적에 오를 수 없는 것이 현실이다. 그러니 이 자식들은 성을 갈거나 자신의 생모와 다른 호적에 실려야 하는 것이다.

    인간이 만든 제도가 인간에게 고통을 주는 현실이 고쳐지기까지 얼마나 더 기다려야 하는가?

칠거지악에도 예외가 있었다

남성 중심의 유교 국가인 조선에서 남자들은 부인을 마음대로 갈아치울 수 있었는가? 세종 21년(1439) 11월 10일의 「세종실록」은 부당하게 부인을 버린 사람의 이야기를 다루고 있다.

전에 감목관이었던 이중정이 정실 아내를 소박해 버리어 농장에 두고 노비 첩을 사랑해 대접하기를 정실 아내와 같이 해 집안에서 행해야 할 도덕을 그르쳤습니다. 그런데 이중정은 뭇 사람의 증거가 명백하건만 버티고 승복하지 않는데다가 간사하고 모질어 염치를 모르오니, 법에 따라 곤장 90대에 해당하옵니다.

위와 같은 사헌부의 보고에 왕은 그대로 따랐다.

남편이 아내를 내쫓기 위해선 칠거지악(七去之惡)의 죄에 해당해야 했다. 시부모 봉양을 제대로 못하거나, 아들을 낳지 못하거나, 바람을 피우거나, 질투가 심하거나, 나쁜 병이 있거나, 말이 많거나, 도둑질하는 경우를 일컬어 칠거지악이라 불렀다. 칠거지악에 해당되지 않을 때 함부로 여자를 내칠 수 없었기 때문에 칠거지악은 여성을 보호하는 측면도 있었다. 그러나 그보다는 '합법적'으로 부인을 내쫓는 수단으로 이용되는 경우가 훨씬 많았다. 일곱 가지 죄라는 것이 귀에 걸면 귀걸이요, 코에 걸면 코걸이였던 것이다.

이에 따라 칠거지악의 남용에 따른 폐해를 막기 위해 나온 것이 삼불거(三不去)였다. 곧 삼불거란 부인이 쫓겨나면 돌아갈 곳이 없거나, 부모의 3년 상을 같이 치렀거나, 가난할 때 시집와서 부유하게 되었거나 할 때에는 부인을 내쫓을 수 없다는 것이다. 그러나 삼불거도 칠거지악 가운데 시부모에게 불효하거나, 나쁜 병에 걸렸거나, 바람을 피운 경우의 3개 조항을 어겼을 때는 적용되지 않았다.

칠거지악도 조선 말기에 와서는 변화를 겪는데 질투가 심하거나 아들이 없는 경우가 제외되어 오거지악으로 일컬어졌다. 그리고 삼불거도 자식이 있을 땐 부인을 내쫓을 수 없게 해 사불거로 확대되기도 했다.

칠거지악은 이제 사라진 옛말이 되었다. 시집올 때 호화 혼수를 해오지 못했다고 부인을 구타하고 내쫓는 '야만인'도 있지만 그 수가 많지는 않다. 그러나 칠거지악이 없어졌다고 남성 우위의 가부장적 가족 제도와 문화가 없어진 것은 아니다. 비민주적인 남성 위주의 가부장 문화는 가정에서, 직장에서, 그리고 사회에서 여전히 튼튼한 뿌리를 자랑하고 있다.

 나이 90이 되면….

　나이 든 사람을 공경하는 일은 유교의 덕목이기도 했지만, 특히 우리나라에서 예로부터 전해 내려 온 좋은 관습이기도 했다. 조선 초기에도 나이 든 사람을 모시는 아들이나 손자에게는 부역을 면제해 공양에 전념토록 했다. 그러나 세종은 이러한 제도만으로는 미흡하다고 여기면서 파격적인 노인 공경책을 내렸다.
　세종의 새로운 지시가 1435년 6월 21일의 「세종실록」에 기록되어 있다.

　　나이 90살 이상으로서, 벼슬을 한 바 없는 이에게는 8품의 벼슬을 내리고 원직이 9품 이상인 사람에게는 각각 1급을 올려준다. 1백 살 이상은, 원직이 8품인 사람에게는 6품을 주고 원직이 7품인 사람에게는 각각 1급씩을 올려 주되 모두 3품을 한계로 해 그친다. 부인의 봉작은 여기에 준한다. 천민은 90살 이상의 남녀는 각각 쌀 2섬을 내려주고, 1백 살 이상인 남녀는 모두 천인을 면해주어 늙은이를 늙은이로 여기는 어짊을 베푸노라.

　왕의 평균 수명이 46살이던 조선 시대에 나이 90이 된다는 것은 그 자체로서 축복받을 일이었다. 그러나 놀고먹는 양반이 아닐 경우 노동력을 상실한 90살 노인이 좋은 대접을 받기란 어려웠을 것이다. 그런 만큼 이들에게 베푸는 나라의 시혜도 소중한 것이 아닐 수 없었다.

　나이 90살 이상이 된 사람에게 벼슬을 내리는 것은 중국에서 이미 시행된 제도로서 조선의 독창적인 것은 아니다. 그러나 비록 약간의 차이는 있을망정 부인과 천인에게도 혜택이 돌아간 사실은 주목할 대목이다. 90살이 넘으면서 남녀와 반상의 차별도 줄어든 것이 아닌가. 오래 살고 봐야 한다는 말이 빈말은 아니었다.

잘 나가는 기생이 1천 명
—— 흥청망청의 어원

자신의 생모인 폐비 윤씨가 억울한 죽음을 당했다고 생각한 연산군이 무수한 사람들을 죽이면서 벌인 복수극이 바로 갑자사화다. 이 일이 있은 뒤 연산의 광폭한 행동은 더욱 심해졌으니, 특히 사람 죽이는 일과 마시고 노는 일에서 더욱 그러했다. 갑자사화 이듬해인 1505년 10월 2일의 「연산군일기」에도 이렇게 적고 있다.

갑자년 이후의 하교가, 흥청·운평에 관한 일이 아니면 반드시 사람을 벌하고 죽이는 일이라, 인심이 날로 떠났다.

그러면 흥청과 운평은 어떤 사람들인가? 연산은 대신들을 전국 각지에 채홍사로 보내 사대부의 첩과 양인의 아내와 딸, 노비, 창기 들을 가리지 않고 징발했는데 그 수가 1만 명에 이르렀다고 한다. 이들을 운평·계평·채홍·속홍·부화·흡려 따위의 호칭으로 불렀으며 이들 가운데 나은 자를 골라 흥청이라 했다.
이런 이름들은 연산이 직접 지었는데, 흥청이란 사악하고 더러운 것을 깨끗이 씻으라는 뜻이며, 운평이란 태평한 운수를 만났다는 뜻이다. 흥청 가운데 왕과 관계를 갖지 못한 자는 지과라 하고, 관계를 가진 자는 천과라 하며, 관계를 가졌으되 흡족하지 못한 자는 반천과라 했다.

    이들 왕실 소속 기생들을 위해 모두 일곱 군데에 거처할 시설을 지었다. 또한 음식 공급을 위해 호화고를 두었고, 의복과 화장품 공급을 위해 보염서를 설치했다. 이 어마어마한 규모의 왕실 기생을 유지하기 위한 비용은 모두 백성들이 부담했으니 불평불만의 소리가 높을 수밖에 없었다. 흥청·운평에 대해 험담하는 자들을 잡아들이라는 명령까지 따로 내릴 정도였다. 또 이들 기생 가운데 곱게 화장하지 않은 자는 귀양을 보내고 그의 부모까지 처벌하도록 했다. 아이를 가질 경우 그 남편은 목을 베고 아이는 생으로 매장하게 했다.

    연산이 서울 근교로 놀러 갈 때 왕을 따르는 흥청의 수가 1천 명씩 되었고 날마다 계속되는 파티에도 이들 흥청과 운평이 동원되었다. 연산의 이러한 행각으로 '흥청'은 '흥청거리다'는 말을 낳았고 오늘날의 '흥청망청'으로 이어졌다.

    연산은 말 그대로 흥청망청의 원조라 할 수 있다. 뿐만 아니라 흥청의 본래 뜻이 '사악하고 더러운 것을 깨끗이 씻으라'는 뜻임을 생각할 때, 연산에게는 좋은 말 하나를 변질시켰다는 죄목이 추가되어야 할 것이다.

남자면서 여자였던 사방지 스캔들

1548년 11월 18일 함경도 감사가 조정에 "길주 사람 임성구지는 남자와 여자의 성이 모두 갖추어져 지아비에게 시집도 가고 아내에게 장가도 들었다"는 색다른 보고를 올렸다. 그러자 명종은 "이 일은 법조문에도 없는 일이니 대신에게 의논하게 하라. 세조 때에 사방지를 어떻게 처리했는지 아울러 문의하라"고 명한다. 그 뒤 영의정 홍언필의 보고에 따라 임성구지는 사방지의 예처럼 외진 곳에 따로 두고 왕래를 금지해 사람들 사이에 섞여 살지 못하게 했다.

임성구지의 일이 이렇게 조용히 처리된 반면 사방지 사건은 자못 소란스러웠다. 사방지란 누구인가? 「세조실록」의 증언을 들어보자.

사방지는 노비 출신이었다. 어릴 때부터 그 어미가 여자아이의 의복을 입히고 연지와 분을 발라 주고 바느질을 가르쳤다. 장성해서는 벼슬한 선비의 집안에 꽤나 드나들며 많은 여종들과 정을 통했다. 선비 김구석의 아내 이씨는 판원사 이순지의 딸인데, 과부로 있으면서 사방지를 끌어다 수놓는다고 핑계를 대고 밤낮으로 함께 있은 지 거의 십 년이 되었다. 이 소문이 이웃에 퍼졌으나 이씨는 부끄러워하지 않았다. 그러다가 사헌부에서 이 사실을 알고 잡아다 심문했다. 사방지와 평소에 정을 통했던 여승에게 묻자, 여승이 말하기를 "그것이 아주 장대하다" 하므로 여자 아이 반덕에게 만져 보게 했더니 정말이었다. 왕이 승정원 및 영순군의 스승 하성위 정현조에게 여러 가지로 시험해 보게 했다. 정현조 역시 혀를 내두르며 "어쩌면 그렇게 장대하냐"고 했다. 임금은 웃으시고 특별히 심문하지 말라고 하셨다. "이순지의 가문을 더럽힐까 염려된다"고 하시며 사방지를 이순지에게 주어 처리하게 했다. 이순지는 단지 곤장 십여 대를 쳐서 경기도에 있는 노비의 집으로 보냈다. 얼마 뒤 이순지의 딸 이씨는 몰래 사방지를 불러들였고 이순지가 죽은 뒤에 더욱 방자하게 굴어 그침이 없었다. 그 뒤에 신하들이 한가한 이야기 끝에 아뢰니, 왕이 사방지를 곤장을 쳐 신창현으로 유배 보냈다.

세조 때 사방지 사건이 한동안 조정을 소란스럽게 한 것은 사방지와 관계한 이순지의 딸 이씨 때문이었다. 이씨의 아버지 이순지는 세종이 아끼던 공신으로서 판원사라는 종2품 벼슬까지 지냈다. 또 이씨에게는 김유악이라는 외아들이 있었는데 김유악의 아내가 바로 세조의 왕위 찬탈을 도와 영의정이 된 정인지의 딸이었다. 이씨와 정인지는 사돈 사이였던 것이다. 그래서 세조는 사방지와 이씨를 처벌해야 한다는 탄원이 잇따랐는데도 이순지에게 맡겨 집안 일로 처리하도록 한 것이다.

그런데 가관인 것은 사방지의 성을 감별하는 일을 직접 맡은 정현조가 정인지의 아들이자 이씨 며느리의 친오빠였으니, 전무후무한 사돈 사이로 역사에 남게 되었다.

고자 검사에서 걸려 처형된 내시

　내시란 궁중에서 일하는 거세된 남자를 가리키는 말이다. 내관 또는 환관이란 말로도 일컬어졌다. 조선 시대의 내시는 100~150명 정도였다고 전해진다. 이들은 주로 지금의 경복궁 옆 효자동에 모여 살았다. 그래서 원래 이 동네 이름이 화자동(火子洞)이었다고 한다. 고려 시대에는 내시들이 권세를 누리는가 하면 심지어는 최만생처럼 공민왕을 살해하는 일까지 벌어졌다. 그 결과 조선 시대에 들어와서는 내시들의 행동이 엄격한 통제 아래 놓이게 된다.

　그러나 엄격한 통제에도 틈은 있는 법, 내시들의 탈법과 비행은 심심찮게 일어났다. 연산군 10년(1504)에는 내시 한 명이 간통죄로 처벌되는 기이한 일이 일어났다. 곧 내시 서득관이 잠실(누에고치 작업장)을 감독하다가 잠모(누에고치를 기르는 여자)와 사통했는데, 그녀의 남편이 고소한 것이다.

　마땅히 고자여야 할 내시가 간통죄를 저지르자 내시들에게 일제히 고자 검사를 받게 했다. 이 검사에서 또 한 명의 내시가 적발되었는데 바로 김세필이다. 연산 10년 5월 3일 왕은 처벌을 명했다.

내시 김세필은 음신이 아직 남았는데도 속이고 내시 중에 끼었으니 칼을 씌워 가둬라. 그리고 그 수양 동생 이세륜과 수양 사촌 및 수양 아비 최결과 최결의 수양 동생 심만수 들은 모두 잡아다 빈청(궁궐 안의 관청)에서 국문하되, 그 사실을 알았는지 조사하라.

스스로 방탕하기 그지없는 생활을 하고 있었으면서도 연산군은 추상같은 처벌을 내렸다. 곧 "내시 김세필을 잡범의 예에 따라 문밖에서 형벌하라"고 한 것이다. 의금부에서 심문한 내용을 써서 보고하자, "무릇 의심스러운 죄라면 초심 재심하고 삼심까지도 할 것이나, 이 일은 명백해 의심할 것이 없으니 속히 형벌하라"고 했다.

처벌은 김세필에서 끝나지 않았다. 김세필의 수양 아비인 내시 최결도 목이 베였다. 5월 28일 최결을 처형하라 명하면서 연산군은 이렇게 지시했다.

내시들에게 보인 뒤 머리를 매달되, '고자 아닌 자를 데려다 양자로 삼아 속여 내시가 되게 한 죄'라는 푯말을 붙여라.

폭군으로 이름난 연산군이 아니었더라도 고자 아닌 내시는 처형되었을 것이다. 권력의 집중이 인격의 집중과 함께 이뤄졌던 시절에 흔히 있었던 비극적 일화이기도 하다.

절대 왕권 아래 비운의 직업이었던 내시 제도는 1894년 갑오경장에 따른 개혁 조치로 사라졌다. 그러나 권력이 분산되고 모든 삶의 인격이 동등하게 인정되는 데는 더욱 많은 시간이 필요했다. 이 일은 지금도 진행되고 있다.

제주도에서 생을 마감한 광해군

광해군은 선조의 뒤를 이어 왕위에 올랐다. 왕이 된 광해군을 기다리는 것은 임진왜란으로 피폐해진 나라 경제, 중국 대륙에서 새로이 발흥하는 후금 세력과 명나라 사이의 패권 전쟁을 앞두고 고조되는 국제적 긴장, 세자 시절부터 시작되어 왕위에 오른 뒤에도 계속되는 배다른 왕자들의 왕권 찬탈 음모 따위였다. 광해군은 후금과 명나라의 세력 관계를 이용한 등거리 외교와 부국강병책으로 후세의 역사가들로부터 실리주의자, 현실주의자, 개혁가의 칭호를 받고 있다. 그러나 계모와 형제들을 처단하는 악역을 감수했는데도 계속되는 역모로부터 왕위를 지켜 내지 못했다.

1623년 3월 13일, 과거에 역모에 연루된 혐의로 대비에서 폐출된 인목대비는 이날 인조반정을 일으킨 무리들에게 말한다.

> 먼저 이혼(광해군) 부자의 머리를 가져와서 내가 직접 살점을 씹은 뒤에야 책명을 내리겠다.

그러자 신하들은 "예로부터 왕을 내쫓고 가둔 일은 있어도 죽이지는 않았다"며 인목대비를 진정시켰다. 이렇게 해서 광해군의 유배 생활이 시작되었다. 1623년 왕위에서 쫓겨난 광해군은 18년이나 더 살다가 1641년 66살로 세상을 하직했다. 연산군이 중종반정으로 물러난 뒤 2개월만에 강화도에서 30살의 나이로 숨을 거둔 데 비해 꽤 오래 수를 누린 것이다. 그렇다고 해서 왕위에서 물러난 광해군의 여생이 행복했던 것은 아니다. 사실은 정반대였다.

　광해군은 처음에는 연산군과 마찬가지로 강화도로 유배되었다. 강화도에서 광해군의 아들과 며느리는 자결하고 부인은 병으로 죽었다. 홀로 남은 광해군의 유배 생활은 전혀 편할 수 없었다. 인조반정으로 집권한 세력들은 왕권이 불안정하자 광해군을 살해하려는 시도를 자주 했다.

　1624년 이괄의 난이 발생하자 광해군이 다시 왕위에 오를 가능성을 경계한 인조는 광해군을 태안으로 유배시켰다가 사태가 진정되자 다시 강화도에 보냈다. 1636년 병자호란이 일어나고 청나라에서 광해군의 원수를 갚겠다고 하자 다시 강화도의 북서쪽에 있는 교동도로 유배지를 옮겼다. 그러다가 난리가 끝나자 후환을 막을 셈으로 교동도에 있는 광해군을 제주도로 유배 보냈다. 1641년 7월 1일 광해군은 제주도에서 위리안치(집안에 가두고 밖으로 나가지 못하게 함)된 가운데 죽었는데, 그의 나이 67살이었다.

　광해군이 죽자 제주 목사로 있던 이시방이 즉시 열쇠를 부수고 들어가 예를 다해 염을 했는데, 나중에 조정의 '충신'들은 이시방의 행동을 '잘못된 일'로 규정하기도 했다.

그러나 광해군의 사망 소식을 실은 1641년 7월 10일의 「인조실록」은 광해군이 교동에서 제주로 옮겨 갈 때에 지은 시 한 편을 소개하며 "이때 듣는 자들이 모두 비감에 젖었다"면서 죽은 자를 위로하고 있다.

> 부는 바람 뿌리는 비 성문 옆 지나는 길
> 후텁지근 장독 기운 백 척으로 솟은 누각
> 창해의 파도 속에 날은 이미 어스름
> 푸른 산의 슬픈 빛은 싸늘한 가을 기운
> 가고 싶어 왕손초를 신물나게 보았고
> 나그네 꿈 자주도 제자주에 깨이네
> 고국의 존망은 소식조차 끊어지고
> 연기 깔린 강 물결 외딴 배에 누웠구나

성공한 반정은 처벌될 수 없다?

조선 시대에는 두 번의 반정이 있었는데 연산군을 폐한 중종 반정과 광해군을 폐한 인조반정이 그것이다. 반정이란 원래 발란반정(撥亂反正)이란 말을 줄여 쓴 것이다. 곧 난세를 평정해 정상을 회복한다는 뜻이다. 「태조실록」에서 이성계의 위화도회군을 발란반정으로 표기하고 있는 것도 같은 뜻이다. 그래서 반정은 평화적인 왕권 교체가 아닌데도 정당성을 인정받았던 것이다.

그러나 연산군을 쫓아 낸 중종반정과는 달리 광해군을 몰아 낸 인조반정은 후세의 사가들에게 그 명분과 정당성을 인정받지 못하고 있다. "박정희 대통령 시해 사건과 관련해 계엄 사령관을 조사할 일이 있다"며 일으킨 12·12 사태가 결국 '일부 군인들의 권력 장악을 위한 불법 쿠데타'였던 것처럼, 인조반정의 명분과 실제는 달랐다는 것이다.

인조반정을 일으킨 세력들은 반정의 명분으로, 인목대비를 폐하고 형제들을 제거한 광해군의 폭정과 명나라에 대한 의리를 저버린 점을 들고 있다. 그런데 광해군이 선조에 의해 세자로 책봉되는 과정과 그 뒤 왕위에 오르는 과정뿐 아니라, 왕이 된 이후에도 끊임없이 왕권 찬탈을 위한 모반 사건이 줄지어 일어났다. 더구나 왕의 형제들도 이런 모반에 연루되어 처벌받았기 때문에 이는 반정의 명분이 되기 어려웠다. 또한 차츰 약해져 가던 명나라 세력과 새롭게 커져 가는 후금(뒤에 청나라) 세력 사이에서, 중립을 지키며 실리에 따른 외교 노선을 구사하던 광해군의 정책을 명나라에 대한 의리를 배신하는 것으로 여기는 것 역시 반정의 명분은 될 수 없었다. 그것은 반정을 일으킨 세력들이 명나라에 지나치게 굴종하면서 청나라에 대항하다가, 결국 정묘호란과 병자호란 때 굴욕스런 항복을 한 사실을 보아도 알 수 있다.

"성공한 쿠데타는 처벌될 수 없다"는 주장이 있듯이, '성공한 반정'인 인조반정으로 집권한 세력들은 광해군을 폭군으로 그려냈고 이는 「인조실록」에 반영되었다.

"성공한 쿠데타는 처벌될 수 없다"는 단호했던 검찰의 입장은, 비자금 사건으로 전직 대통령이 구속되고 여론이 악화되자 슬그머니 처벌이 가능하다는 입장으로 선회했다. 마찬가지로 '성공한 반정'인 인조반정도 당대에는 성공을 거두었지만 후세의 역사가들로부터는 혹독한 비판을 면치 못하고 있다. 반정의 명분이 없었음은 물론 반정으로 집권한 세력들이 나라를 망치고 백성들에게 말할 수 없는 고통을 안겨 주었다는 것이다.

철종이 강화도에 살았던 내력

강화도에 숨어살며 농사나 짓던 떠꺼머리 총각이 하루아침에 왕이 되었는데 그가 바로 철종이다. 강화 도령 철종에 대해 이렇게 알고 있는 이가 많다. 그러나 정확히 말한다면 강화 도령은 강화도에 숨어 산 것이 아니었다. 그 무렵 강화 도령 이원범은 소재가 정확히 파악되고 가끔 동정이 보고되는 유배 상태였기 때문이다. 그렇다면 그는 왜 강화도에서 유배 생활을 했는가?

강화 도령 이원범은 사도 세자의 증손자며 영조의 고손자다. 영조에겐 두 명의 아들이 있었는데, 장남 효장세자는 어려서 병으로 죽고 차남 사도세자는 아버지 영조의 명으로 뒤주 속에서 죽었다. 그래서 왕위는 사도세자의 둘째 아들인 정조로 이어졌다. 정조에게도 두 명의 아들이 있었는데, 첫째인 문효세자가 어려서 죽자 순조가 왕위를 계승했다. 순조에겐 외아들 효명세자가 있었지만 그는 왕이 되기 전에 죽었고, 이에 따라 왕위는 효명세자의 외아들인 헌종으로 넘겨졌다. 그런데 헌종에겐 아들이 없고 외동딸만 있었다. 그리하여 헌종이 죽자 직계 혈통으로 왕위를 이어받을 사람은 한 명도 없었던 것이다.

24대 왕인 헌종이 죽자 21대 영조의 자손 중에서 사도세자의 아들 3명을 제외한 모든 혈통이 끊긴 셈이 되었다. 사도세자의 아들로는 22대 왕이 된 정조 외에 은언군·은신군·은전군이라는 세 명의 아들이 더 있었다. 그러나 이들 세 명의 아들과 그들의 후손은 모두 사도세자 못지않은 비극적인 말로를 맞이했다. 사도세자를 죽음으로 몰아넣었던 세력들이 후환을 우려해 정조가 아닌 다른 왕자를 추대한 사건에 연루되어, 은전군은 자결하고 은언군과 은신군은 제주도로 유배되었다. 유배 중이던 은신군은 제주도에서 병으로 죽고 은언군은 강화도로 다시 유배된 것이다. 그러나 비극은 여기서 끝나지 않았다.

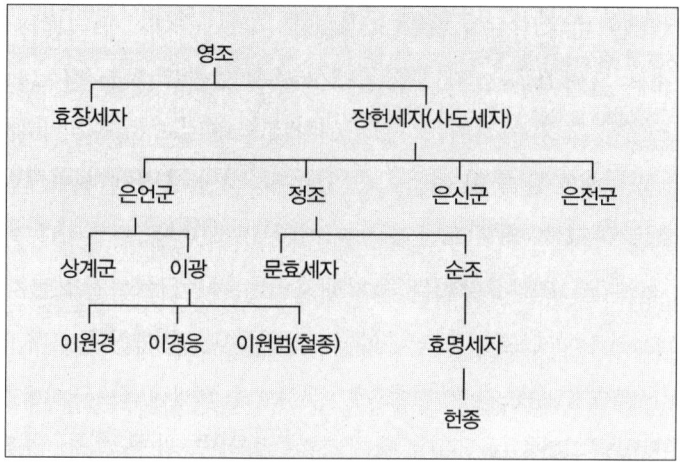

　　은언군의 큰아들인 상계군은 1779년 홍국영의 모반 사건에 연루되어 자결했고, 은언군과 은언군의 아내 송씨 그리고 큰며느리(상계군의 부인) 신씨는 천주교 신자임이 드러나 1801년 사약을 받고 죽었다. 은언군의 둘째 아들 이광에겐 세 아들이 있었

다. 그러나 이들도 1844년의 모반 사건에 연루되어 이광과 그의 장남 이원경은 사약을 받고 죽었다. 둘째 아들인 이경응은 유배지 강화도에서 병으로 죽고 셋째 아들만 남았는데 그가 바로 이원범, 나중에 철종이 된 사람이다.

헌종이 후사 없이 죽었을 때 가장 가까운 방계 핏줄은 바로 강화 도령 이원범이었으니 그가 왕위를 계승한 것은 당연한 이치였다.

그러나 집안 내력을 볼 때 헌종과 철종은 같은 핏줄이면서도 대를 이은 원수지간이기도 하다. 철종의 관점에서 보면 그의 증조할아버지인 사도 세자와 작은할아버지인 은전군은 고조할아버지인 영조의 손에 죽었고, 큰아버지인 상계군은 작은할아버지인 정조 때 모반 사건에 연루되어 죽었다. 또 할아버지인 은언군과 할머니와 큰어머니는 철종의 당숙인 순조에게 사약을 받아 죽었으며, 아버지 이광과 큰형 이원경은 순조의 손자인 헌종에게 죽임을 당했다. 그리고 나서 유일하게 살아남은 철종은 자신의 집안에 피바람을 일으켰던 집안의 후계자로서 왕위를 계승받은 것이다.

세조와 세종, 누가 높은가?

　태조와 태종, 세조와 세종, 인조와 인종, 정조와 정종, 순조와 순종 들은 자칫 혼동하기 쉬운 조선 왕들의 이름이다. 이런 이름을 지을 때 조(祖)와 종(宗)은 어떤 의미를 갖고 있는가? 일반적으로 창업을 한 왕에게는 '조' 자를 붙이고 수성을 한 왕에게는 '종' 자를 붙인다고 알려져 있다. 그래서 '조'가 '종'보다 격이 더 높은 것처럼 이해되고 있기도 하다.
　조선 왕조의 27명의 왕 중에서 '조' 자를 쓴 왕은 태조 · 세조 · 선조 · 인조 · 영조 · 정조 · 순조 해서 모두 7명이다. 태조는 이씨 왕조를 창건했기에 말 그대로 태조가 되었다. 반면 나머지는 모두 나라를 중흥시키거나 큰 국란을 극복하거나 혹은 반정을 통해 왕이 된 경우라 할 수 있다.
　그러나 '조'와 '종'의 이러한 구분이 정확한 평가에 기초한 것이라고는 볼 수 없다. 실제 영조 · 정조 · 순조의 경우는 처음에 각각 영종 · 정종 · 순종으로 추서되었다가 나중에 다시 고쳐 부르게 된 이름이다. 따라서 태조를 제외하면 나머지 왕들의 이름에 붙는 조와 종은 격의 높고 낮음에 따른 것이 아니라, 그때 그때의 상황에 따랐다. 다만 분명한 것은 왕위를 박탈당해 왕자의 위치로 격하된 왕들의 경우에는 결코 조나 종을 붙이지 않았다. 연산군이나 광해군은 바로 왕자의 호칭이다.

세종대왕도 자신이 세종인지 몰랐다

한국 사람으로서 세종대왕을 모르는 사람은 없을 것이다. 그는 조선의 여러 왕들 가운데 가장 빛나는 업적을 쌓은 인물로 기록되고 있기 때문이다. 그러나 세종대왕도 살아 생전에 자신이 '세종'이란 이름으로 일컬어지게 될 줄은 몰랐다. 왜 그랬을까?

그의 성은 이요, 이름은 도며, 자는 원정이었다. 1450년 2월 17일 그는 여덟 째 아들 영응대군의 집에서 세상을 떠났다. 그가 세종으로 일컬어지게 된 것은 그로부터 약 한 달 뒤인 1450년 3월 19일, 왕위를 계승한 문종이 세종이라는 묘호(廟號)를 정하고부터였다.

역대 왕과 왕비의 신주를 모셔 두는 곳을 종묘라고 하는데, 왕이 서거하면 이 종묘에서 신위를 모시게 되며 이때 사용하는 호칭이 바로 묘호다. 그러니까 우리가·태·정·태·세·문·단·세 하며 외우는 왕들의 이름은 왕이 죽은 뒤에 짓고 사용한 묘호인 것이다. 이 밖에도 왕의 업적을 기리고 존경을 표시하는 뜻에서 지어 올리는 존시(尊諡)라는 시호가 있다. 세종의 경우 존시는 '영문 예무 인성 명효 대왕(英文睿武仁聖明孝大王)'이었다.

평균 23살에 왕이 되어 46살에 죽었다
—— 왕들의 기록 대행진

조선 왕조 27명의 왕에 관한 기록을 평균해서 계산해 보면, 왕들은 만 23살에 즉위해 19년 2개월 동안 왕위에 있다가 46살까지 수명을 누렸다. 죽은 나이를 보면 27명의 왕 가운데 30대에 죽은 왕이 8명, 50대에 죽은 왕이 8명이다. 가장 장수한 왕은 영조인데 만 81살까지 살았다. 요절한 왕은 단종으로 그의 나이 15살이었다.

27명 가운데 약 절반인 13명이 10대 이하의 나이에 왕이 되었으며 헌종은 6살에 즉위해 최연소 왕이 되었다. 최고령으로 왕이 된 사람은 창업 군주인 이성계로 그의 나이 56살이었다.

선조·숙종·영조·고종은 40년 이상 왕위에 있었던 사람들인데 이 가운데 영조는 무려 51년 7개월을 기록했다. 반면 예종은 1년 2개월, 인종은 9개월로 최단명 왕이 되었으며, 단종은 보통 생각하는 것보다는 많은 3년 2개월 동안 왕위에 머물러 있었다.

정식 부인의 수는 뜻밖에 적은 편이어서 태종과 성종이 각각 12명의 부인을 두었을 뿐 나머지는 모두 그 이하였다. 1명의 부인만을 둔 왕들도 있는데 단종·명종·현종이 그러했다.

20명 이상의 자식을 둔 왕은 정종·태종·세종·성종·중종·선조 등 6명인데 그 가운데 으뜸은 태종으로 모두 29명의 자식을 두었다. 또 명종은 외아들, 헌종과 철종은 외동딸만 두었다. 자식이 한 명도 없었던 왕은 모두 4명인네 15살에 죽은 단종, 금욕주의자로 알려진 인종, 그리고 성불구로 알려진 경종과 순종이다.

대원군은 모두 3명이었다

　대원군 하면 우리는 보통 고종의 아버지인 흥선대원군을 떠올린다. 덕흥대원군이나 전계대원군을 아는 사람은 그리 많지 않다. 대원군이란, 직계가 아닌 방계 혈족에서 왕이 나올 경우 왕의 아버지를 숭상하는 뜻에서 봉하는 호칭이었다.
　덕흥대원군은 선조의 아버지고 전계대원군은 철종의 아버지였다. 반정을 일으켜 왕이 된 인조의 아버지도 처음엔 대원군으로 봉해졌으나, 왕권을 강화하려는 의도에 따라 많은 논쟁 끝에 인조 10년에 격을 더 높여 원종으로 추서되었다.
　그리하여 조선 왕조에서 대원군이 된 사람은 모두 3명인데, 그 가운데 흥선대원군만이 살아 생전에 대원군이 되어 막강한 권세를 휘둘렀다.
　원래 군(君)은 왕의 아들, 곧 왕자의 호칭에 따라붙는 칭호였다. 왕자가 왕비의 소생일 경우는 대군(大君), 후궁의 소생일 경우는 그냥 군으로 불렀다. 양녕대군, 영창대군, 광해군 같은 호칭이 그런 예다. 그밖에도 드물지만 왕실의 공신에게 군이라는 호칭을 부여하기도 했으며, 대원군처럼 왕의 아버지, 부원군처럼 왕비의 아버지에게도 이 호칭이 따라붙었다.
　한 나라의 수령을 일컬어 군주라고 부르는 데서 알 수 있듯이, 군은 아주 특별하고 고귀한 신분의 사람에게나 붙일 수 있는 호칭이다. 그러나 왕조의 시대가 끝나면서 '군'의 지위도 심하게 격하되었다. 오늘날 손아래 사람을 부를 때 쓰는 김군, 박군 하는 호칭은 백 년 전만 하더라도 '목숨'을 걸지 않는 한 감히 쓸 수 없는 말이었다.

장남이 왕이 된 확률은 26%

조선 왕조 27명의 왕 가운데 왕의 장남으로서 왕위를 계승받은 '정통' 왕은 몇 명일까? 문종·단종·연산군·인종·현종·숙종·순종 등 모두 7명뿐이다.

예종·성종·효종·순조는 장남인 세자가 병약해 요절해 다른 형제가 세자를 계승하고 왕이 된 경우다. 정조나 헌종은 손자로서 왕위를 계승한 경우며, 명종과 선조는 뒤이을 자식이 없자 선왕의 차남이나 형제가 왕위를 계승한 경우다. 세종과 광해군은 장남이 건재한데도 자질이 부족하다 해 3남과 차남이 왕위에 오른 드문 예다.

태종·세조·중종·인조는 합법적 왕위 계승자가 아니었으나 반정 따위를 통해 사실상 왕권을 찬탈하고 스스로 왕위에 오른 경우다. 직계 자손이 없을 때는 대를 거슬러 올라가 방계 핏줄을 찾아 왕위를 계승시켰는데, 강화도령 철종과 고종이 이 경우에 해당한다.

임금도 감추고 싶었던 사생활이 있었다

중종 14년(1520) 4월 22일 아침, 왕이 참석해 강의를 듣는 자리에서 재미있는 논쟁이 벌어졌다. 여자 사관을 두어 왕의 사생활까지 기록해야 한다고 신하들이 주장한 것이다. 중종은 갖가지 핑계를 대어 이를 피하려고 했는데 그 모습이 「중종실록」에 생생하게 기록되었다.

동지사 김안국 : 『속강목』에 태후와 신종이 말한 일이 아주 자세히 기록되어 있는데, 이는 규문 안의 말이라 사관으로서는 기록할 수 없는 것이니 반드시 여자 사관이 기록했을 것입니다. 예로부터 여자 사관은 규문 안에서 임금의 거동과 언행을 모두 다 기록하기 때문에 바깥사람들이 그 일을 알 수 있는 것이며, 사책(史冊)에 기록해 놓음으로써 후세 사람이 그것을 보고 선악을 아는 것입니다. 우리나라의 경우 규문 안의 일을 자세히 알 수 없는 것은 여자 사관이 없기 때문입니다. 그러니 규문 안의 일거일동을 어떻게 자세히 기록할 수 있겠습니까? 신의 생각에는 옛 관례에 따라 여자 사관을 두어 그로 하여금 일거일동과 언행을 기록하게 하는 것이 옳다고 여깁니다.

장령 기준 : 김안국의 말이 합당합니다. 임금은 깊은 궁궐 속

에 거처하기 때문에 그 하는 일을 바깥사람이 알 수 없습니다. 그러므로 반드시 여자 사관을 두어 그 선악을 기록하게 했습니다. 때문에 비록 깊숙한 궁궐 속에서 혼자 마음대로 할 수 있는 곳에서라도 감히 방만하지 못했던 것이니, 모름지기 옛 관례에 따라 여자 사관을 두는 것이 옳습니다.

중종 : 옛날에는 여자들이 모두 글을 지을 줄 알았으므로 올바른 여자 사관을 얻어서 궁중의 일을 빠짐없이 자세하게 기록하도록 할 수 있었다. 그러나 지금은 아마도 글에 능한 여자가 적은 것 같으니 기록할 수 있는 사람을 얻기가 어려울 것이다.

김안국 : 여자 사관은 반드시 글에 능해야만 되는 것은 아닙니다. 문자를 조금 깨우쳐 알 수 있다면 규문의 일을 보는 대로 기록하게 해, 후왕과 후현에게 선왕은 규문 안 혼자 있는 곳에서도 잘못하는 바가 없었다는 것을 알게 하면 되는 것입니다. 이렇게 하면 착한 일은 권장하고 악한 일은 징계하는 바가 클 것입니다. 밖에는 좌우에 시종 사관이 갖추어져 있으면서 안에는 여자 사관이 없으니, 다스림에서 큰 흠입니다. 규문 안의 일에 대해 후세의 자손들이 어떠했는지를 모르게 하는 것은 아주 옳지 못합니다.

시강관 이청 : 세속의 이른바 언문으로 기록해도 해로울 것이 없습니다. 어찌 문자로만 기록해야 할 필요가 있겠습니까?

중종 : 여자 사관의 직임은 선한 일과 악한 일을 기록하는 것이니, 반드시 마음이 올바른 여자를 얻은 뒤라야 가능하다. 뿐만 아니라 사관도 모름지기 정직한 사람으로 뽑아야 한다. 사

필을 잡는 것은 누구나 할 수 있는 일이 아니다.

시강관 이청 : 사관은 여자 사관과 다릅니다. 사관은 공평한 의론을 유지하고 칭찬할 일과 비난할 일을 냉백하게 해 만세에 보이는 것이 직무이고, 여자 사관은 규중 안에서 임금의 일상생활을 기록하는 것뿐입니다.

중종 : 어진 이를 천거하는 것이 대신의 직무상 임무인데, 요즘 대신들이 어진 이를 천거하는 도리에 미진한 것 같다.

중종의 마지막 말은 이청의 말에 대한 답변 같지만, 실은 조광조에 의해 그 전 해부터 실시된 현량과에 관한 것이었다. 현량과는, 과거 제도가 시험 위주로 되어 있어 학문과 덕행이 뛰어난 사람을 가리지 못하는 폐단이 있으므로 과거 시험과는 별도로 추천으로 인재를 등용하는 새 제도를 말한다. 중종은 이 핑계 저 핑계로도 여자 사관을 두자는 논리를 꺾지 못하자 말머리를 돌려 곤란한 처지를 모면하려 한 것이다.

결국 사생활의 자유를 지키려던 중종의 노력은 성공을 거둔 셈이다. 그러나 사생활까지도 감시하고 기록하려 했던 사관들의 치열한 사명 의식은 주목할 만하지 않은가? 우리에겐 사생활은 물론 권력자의 공생활을 기록하는 사관도 없는 형편이다.

은으로 만든 사다리를 타고 남대문을 넘은
중국 사신

　　은 수만 냥을 뇌물로 챙기고 광해군의 왕위 계승을 눈감아 준 것처럼, 조선을 방문하는 중국 사신들은 대부분 은과 인삼으로 한 밑천 잡기에 혈안이 된 자들이었다. 중국 사신이 올 때마다 그들이 요구하는 은을 마련하기 위해 고민하는 왕과 대신들의 논의가 『조선왕조실록』 여기저기에 기록되어 있다.
　　광해군 2년(1610) 6월 왕세자 책봉을 위해 조선에 건너온 중국 사신 염등은 악명이 가장 높은 자 가운데 한 사람으로 기록되어 있다. 그는 갖은 구실로 뇌물을 요구했는데, 심지어는 은으로 된 사다리를 만들어 서울 남대문을 넘어가 칙서를 받들게 하고는 이것을 천교라 하면서, 은을 거두어들이는 기회로 삼기도 했다. 딱한 것은 조정의 대신들이었다. 「광해군일기」는 증언한다.

　　좌의정 이항복 : 이 상황에서는 옛날의 사례니 의리니 예절이니 하는 것은 하나도 필요 없고 오직 그의 말대로 채워 보내는 길밖에 없습니다.
　　우의정 심희수 : 요즈음의 행위를 보니, 그는 사람이 아닙니다. 어찌 그와 더불어 논란하겠습니까. 서울에 들어오게 하는 것이 오늘날의 가장 중요한 관건이니, 그의 말에 따라 골짜기

와 같은 욕심을 채워 주어야 하겠습니다. 다만 서울에 들어온 뒤에 온갖 구실로 뇌물을 요구해 그 수량이 5만 냥을 갖추어야 할 정도가 되면 아무리 빈약한 재정 상태를 넉넉하게 만들고자 해도 형편이 어렵습니다. 이런 판국에 이르러서는 참으로 어찌할 도리가 없습니다.

조선군 조총 부대의 러시아 정벌

조선이 서양과 본격적으로 접촉한 것은 19세기 말이었다. 처음에는 선교사들이, 나중에는 개항과 교역을 요구하는 서양의 군함과 상선이 조선으로 몰려왔다. 가장 많은 서양 사람들이 한반도를 찾은 것은 서울올림픽이 아니라 한국전쟁 무렵이었다. 그런 만큼 서양과 전투한 경험도 대체로 19세기 이후의 일이다. 특히 러시아와 본격적으로 전투한 경험은 한국전쟁이 거의 유일한 것으로 알려져 있다. 소련이 망하고서야 제대로 밝혀진 일이지만, 한국전쟁 당시 소련의 전투 조종사들이 위장해 참전했다고 한다. 그러나 이보다 3백 년 전에 이미 러시아 군과 전투를 벌인 역사는 잘 알려져 있지 않다.

조선이 러시아와 총을 겨누게 된 것은 청나라와 러시아 사이의 전쟁에 참가하면서였다. 효종 5년(1654) 2월 2일 청나라 사신 한거원이 서울에 와서 조선의 군사를 요청하는 공문을 바쳤다.

"조선에서 조총을 잘 쏘는 사람 1백 명을 선발해, 회령부를 거쳐 앙방장의 통솔을 받아 나선(러시아)을 정벌하되, 3월 10일에 영고탑(지금의 길림)에 도착하시오."

한거원이 공문을 바치고 물러나 절을 하자, 임금은 위로하고

차를 하사하며 물었다.

"나선은 어떤 나라이오?"

"영고탑 옆에 별난 곳이 있는데 그곳이 바로 나선입니다."

한거원이 공문에 대한 회답을 바라자, 영의정 정태화가 말했다.

"장수는 어떤 관원으로 정해 보내야 하겠소?"

한거원이 대답했다.

"북도의 변장이나 수령을 뽑아 보내는 것이 편할 것 같습니다."

한거원이 물러가자 정태화가 아뢰었다.

"우리 군사가 강을 건넌 뒤에 만일 청나라 사람들이 군대에 양식을 지급하지 않는다면 반드시 답답한 걱정거리가 생길 것입니다. 그 경우를 계산해 군대의 양식을 싸서 보내는 것이 옳겠습니다."

그러자 왕이 말했다.

"그렇다."

같은 해 7월 2일 북우후(정3품 무관 벼슬) 변급이 이끄는 조선군은 러시아를 쳐부수고 영고탑에 귀환했다. 이것이 바로 제1차 나선 정벌이다. 효종 6년(1655) 4월 23일 변급은 왕을 만나 뵙고 러시아 군과 전투한 내용을 보고했다. 전투가 벌어진 왈합은 회령에서 2,400여 리 떨어진 곳이었는데 육로보다는 주로 배를 타고 강을 따라 내려갔다는 것이다.

"제가 왈합에 이르러 비로소 적선을 만났는데 큰 배 13척은 3백 섬을 실을 만하고 작은 배 26척은 왜선과 비슷했습니다. 청나라 장수가 신을 선봉으로 세우려 하기에, 제가 '어찌 이 작은 배를 타고 저들의 큰배를 막을 수 있겠는가' 했습니다. 청나라 장수가 옳다고 하며 왈합 3백 명과 청나라 군사 3백 명을 시켜 강변에서 가장 지세가 높은 곳을 선택해 진을 치게 했습니다. 이어서 목책을 언덕 위에 늘어놓고, 우리 군사에게 안 보이는 물체 뒤에서 포를 쏘게 했습니다. 적선이 차츰 물러가는데 그 배는 몸체는 크지만 노가 없어서 나아가 싸우지 못하고 물 흐름에 따라 내려갔습니다. 흑룡강과 후통강이 합류하는 곳에 이르러, 처음에는 적이 싸우려고 했지만 마침 동풍이 불자 돛을 올리고 떠났습니다. 적선에 탄 사람은 4백 명이 못 되고 가진 것은 화기뿐입니다. 또한 그 용모는 모두 만적(당시 서양인을 일컫던 말)과 비슷하고 옷은 모두 누런 비단이었습니다. 신의 생각으로 이 적은 반드시 서양 나라에서 왔을 것입니다."

그러자 왕이 말했다.

"그 땅과 서양은 아주 먼데, 어떻게 그런 줄 아는가?"

조선군과 러시아 군의 전투가 벌어진 곳은 지금의 하바로프스크 남서쪽에 있는 중국 러시아 국경 지역이었다.

서양은 중국이나 태국보다 훨씬 먼 곳이라 알고 있던 효종은 중국의 북쪽 국경 지역에서 서양인과 싸웠다는 게 믿어지지 않은 모양이다. 극동 지역 러시아가 러시아 안에서도 가장 변방에 속하긴 하지만, 조선의 러시아에 대한 지식과 교류가 어느 정도인지를 알게 해주는 대목이다.

제1차 나선 정벌 이후 4년이 지난 효종 9년(1658) 3월 3일 청나라는 사신을 보내 나선 토벌을 위한 군량을 지원해 줄 것을 요청했다. 러시아 군이 1천 명 정도 되는데 만주 지역에 군량을 비축한 것이 없으니 다섯 달 치의 군량과 병사를 지원해 달라는 것이다. 그리하여 다시 조선의 조총 부대 1백 명이 길림을 향해 떠났으니 이것이 제2차 나선 정벌이었다.

초당 두부를 만든 허균의 아버지

동해의 깨끗한 바닷물로 간을 맞춘 초당 두부는 이제 전국적으로 이름이 알려진 강릉의 특산물이다. 16세기 중엽 초당(草堂) 허엽(1517 80년)이 강릉 부사(정3품, 오늘날의 시장)로 있을 때였다. 당시 관청 앞마당에 샘물이 있었는데 물맛 좋기로 이름나서 이 물로 두부를 만들고 바닷물로 간을 맞췄다. 이렇게 만든 두부였기에 맛이 좋기로 소문이 났다. 그러자 허엽은 자신의 호를 붙여 초당 두부라 이름짓고 이 두부를 팔아 큰 돈을 벌었다. 샘물이 있던 자리는 강릉시 초당동이며 그곳에는 지금도 허엽을 기리는 비석이 있다.

초당 허엽은 당대의 논객으로 경상도 관찰사(종2품, 오늘날의 도지사)를 지냈다. 그러나 관운은 그리 좋지 않아 한 번은 횡령으로, 또 한 번은 조광조를 복권시켜야 한다는 상소를 올렸다고 파직되기도 했다. 이처럼 허엽은 이재에도 밝은 한편, 정2품 동부승지까지 역임하면서도 평탄치 않은 관직 생활을 한 독특한 경력의 소유자였다.

그러나 이러한 허엽의 생애도 그의 자식들만큼 유명하지도, 파란만장하지도 않다. 허엽은 두 명의 부인으로부터 3명의 아들과 3명의 딸을 두었는데, 강릉 부사 때 낳은 딸이 조선 시대 최고의 여류 시인 허난설헌이며, 6년 뒤 경상도 관찰사 때 낳은 아들이 『홍길동전』을 쓴 허균이다.

장남인 허성은 임진왜란 직전에 일본의 정세를 파악하기 위해 선조가 파견한 3명의 사절단 가운데 한 사람이었다. 이때 동행했던 김성일이 일본의 침략 가능성을 부인한 반면 허성은 황윤길과 함께 침략 가능성을 경고한 사실로 유명하다.

차남인 허봉은 그의 동생 허난설헌 허균과 마찬가지로 많은 글을 남긴 탁월한 문필가였다. 그는 한때 명나라 사신으로 갔으나 당시의 병조판서인 이이를 비판하다가 오히려 유배를 당하기도 했다. 그 후 다시 벼슬이 내려졌는데 허봉은 이를 거절하고 금강산으로 들어가는 등 유랑 생활로 일생을 마감했다.

선조 13년(1580) 2월 1일의 「선조실록」은 63살로 죽은 허엽의 사망 내용과 생애를 기리는 데 한 페이지를 할애하고 있다. 그 일부를 보자.

> 허엽은 직언을 잘했지만 실무에는 약해 왕이 그리 중하게 여기지 않았다. 그러나 경상도 감사가 된 후 평판이 좋아 장차 크게 등용하려 했다. 그런데 허엽은 말년에 창기를 매우 가까이했고, 결국 병으로 해직되어 돌아오다가 상주의 객지에서 죽었다.

인생의 말로를 비참하게 마감했고 아들 허균의 역모 사건으로 가문도 몰락했지만, 허엽에 대한 좋은 평판은 그 후에도 계속되었다. 인조 1년(1624) 5월 11일 왕이 신하들과 선비의 교육 문제로 대화하는 자리에서였다.

지사 신흠이 아뢰었다.
"선비를 기르는 책임은 전적으로 대사성에게 달려 있습니다. 그러므로 반드시 적임자를 얻은 뒤에야 선비의 풍습을 바로잡고 훌륭한 인재를 기를 수 있습니다. 선왕조 때에는 오직 허엽과 구봉령이 적임자였습니다. 지금 자리가 비어 있으니, 지위에 구애받지 마시고 반드시 적임자를 얻는 데 힘을 기울이소서."

왕이 말했다.
"아뢴 대로 하라."

허난설헌은 국제적 베스트셀러 작가

    1563년 신사임당의 고향 강릉에서 태어난 허난설헌은 『홍길동전』을 지은 허균의 누나이기도 하다. 아버지와 두 오빠, 그리고 동생들이 모두 당대의 유명한 문장가였던 것처럼, 허난설헌도 어려서부터 어깨 너머로 배운 글을 자유자재로 구사해 신동이란 소리를 듣고 자랐다. 15살 때 안동 김씨 집안의 김성립과 결혼한 허난설헌은 27살이던 1589년 강물에 몸을 던져 한과 고뇌로 가득한 젊음을 마감했다.

    많은 학자들과 문학가들이 허난설헌을 조선 제일의 여류 시인으로 꼽는 것은 단지 봉건 사회의 여류 시인이라는 희소성 때문이 아니다.

    허난설헌의 시는 여성 특유의 감수성과 세심함으로 더욱 빛을 발하고 있다. 하지만 그가 시를 통해 다루고자 했던 주제와 문제 의식은 규방에 갇힌 봉건 사회의 '여성'을 이미 넘어서고 있다.

        양반댁 세도가 불길처럼 융성하던 날
        드높은 누각엔 풍악 소리 울렸고

가련한 백성들은 헐벗고 굶주려
배는 고파 빈 통이요, 집은 다북쑥

그러다 하루아침에 가문이 기울면
그제야 백성들을 부러워한다

흥망과 성쇠는 때마다 바뀌는 것
누가 감히 하늘의 뜻을 어기랴

    허난설헌의 짧은 삶은 결코 행복하지도 평온하지도 못했다. 무능하고 가정에 무관심한 것으로 알려진 남편, 고된 시집살이, 잇따른 아들과 딸의 죽음, 오빠의 귀양살이 들을 속으로 삭이며 시로 승화시켰다. 그의 고뇌는 계속됐다. 허난설헌은 날마다 생각하고 느낀 것을 모두 시로 남겼다. 그러나 그가 죽자 시댁 식구들은 그가 남긴 시를 모두 불태우고 말았다. 오늘날까지 전해 내려오는 그의 시 213수는 모두 친정에 보관되어 있던 것을 동생 허균이 정리해 보관해 온 것이다.

    허난설헌이 죽고 17년이 지난 1606년 허균과 친교를 맺고 있던 명나라 사신 주지번은 허난설헌의 시를 읽고 감복해 그의 시를 명나라로 가져가 『난설헌집』을 발간했다. 이 시집은 중국에서 큰 호응을 얻은 뒤 조선으로 역수입되어 읽히기 시작했다. 그 뒤 조선을 왕래하던 상인과 사신들을 통해 일본으로 건너간 허난설헌의 시집은 1711년 분다이야 지로베가 일본에서도 간행해 널리 읽혔다.

> 스물이라 일곱 송이 부용꽃은
> 붉은 빛 다 가신 채
> 서리 찬 달 아래 떨어지네

27살에 죽을 자신의 운명을 예감한 듯 남긴 시 구절이다. 그러나 400년이 지난 이 빼어난 시인의 음성은 부용꽃 향기처럼 우리에게 전해 오고 있다.

홍길동은 실존 인물이었다

『홍길동전』은 허균이 지은 최초의 한글 소설이다. 이 소설을 읽은 사람은 드물지만 소설의 주인공 홍길동을 모르는 사람은 없다. 신출귀몰하는 그의 이야기는 오늘날에도 '동에 번쩍 서에 번쩍' 하면 '홍길동'이란 답이 바로 나올 정도로 유명하다. 그래서 홍길동을 만화 영화의 주인공 정도로 생각하는 사람들도 많다. 홍길동은 과연 허균의 상상력이 그려 낸 소설 속의 주인공이기만 할까?

소설 속의 홍길동은 15세기 초 세종 시대의 인물로 그려져 있다. 그는 이조판서와 노비 사이에서 태어난 서자였는데 사회적 차별이 심한 자신의 출신에 대해 고민하던 가운데, 홍 판서의 본처와 첩이 자신을 죽이려 하자 가출해서 도적의 수령이 되었다. 그는 자신을 따르는 무리들을 활빈당으로 조직해 부당하게 빼앗긴 재물을 되찾아 백성들에게 나눠주는 의적으로 활동한다. 홍길동은 둔갑술을 부려 신출귀몰하는 행각을 벌이는데 암행어사로 위장해 탐관오리들을 처벌하는가 하면 관아를 습격하기도 했다. 그는 끝내 체포되지만 왕은 그에게 병조판서직과 쌀 1천 섬을 내리고 석방한다. 홍길동은 남쪽 저도라는 섬에 근거지를 두고 각지를 돌아다니며 요괴를 물리쳤고, 병사들을 훈련시켜 마침내 율도국을 공략해 율도국의 왕이 되었다.

이처럼 소설 속의 홍길동은 도저히 현실 속의 인간이라 볼 수 없을 정도로 능력과 경력이 과장되어 있다. 그리고 소설의 곳곳에는 허균의 경험과 사상이 녹아 스며들어 있기도 하다. 허균 자신이 서자 출신은 아니지만 그는 여러 차례에 걸쳐 서얼 차별을 폐지해야 한다는 상소를 올려 왕과 대신들의 미움을 살 정도였다. 또한 이러한 그의 생각은 홍길동의 출신 배경으로 표현되어 있다. 그리고 청년 시절 임진왜란을 겪은 허균이 일본에 대한 적개심을 가졌기 때문에, 소설 속에서 홍길동이 율도국을 공략해 국왕이 되는 것으로 표현했다는 해석도 있다.

그런데 분명한 사실은 홍길동이라는 이름의 실존 인물이 있었으며, 그의 행각이 소설 주인공의 그것과 아주 비슷하다는 것이다. 연산군 시대인 1490년 12월 29일의 『조선왕조실록』을 보자. 의금부의 위관 한치형이 왕에게 다음과 같이 보고했다고 한다.

강도 홍길동이 갓 꼭대기에 옥으로 만들어 단 장식을 하고 붉은 허리띠 차림으로 첨지(중추원의 정3품)라 자칭하며 대낮에 떼를 지어 무기를 가지고 관공서에 드나들면서 꺼림 없이 행동을 자행했는데도, 그 지방 말단 관리들이 어찌 이를 몰랐겠습니까. 그런데 체포해 고발하지 아니했으니 징계하지 않을 수 없습니다. 이 관리들을 모두 변방으로 유배 보내는 것이 어떠하리까.

또한 중종 18년(1524) 8월 29일의 「중종실록」에는, 충청도 지역에서 홍길동 토벌 작전의 여파로 고향을 떠난 사람들이 많아 세금을 예전처럼 거두기 어렵다는 보고가 기록되어 있다. 지금도 충청도 공주 땅에는 홍길동의 무리들이 쌓았다는 산성이 남아 있고, 이 지역에선 홍길동에 관해 전해 내려오는 이야기도 많은 편이다.

이로 미루어 볼 때 17세기 초반 허균이 쓴 소설에서 주인공으로 등장하는 홍길동의 모델은 16세기 초반의 실존 인물 홍길동인 것이 분명하다. 홍명희의 『임꺽정』이나 황석영의 『장길산』이 그러하듯이, 실존하는 인물과 그의 활동에 작가의 역사관과 철학 그리고 문학적 상상력이 덧붙여진 것일 뿐이다.

『홍길동전』을 쓴 풍운아 허균이 능지처참 당한 이유

조선 시대를 통틀어 허균만큼 파란만장한 생애를 살고 간 인물은 찾기 힘들다. 그리고 허균의 성격만큼 복잡한 경우를 달리 찾기도 힘들다. 그는 일곱 차례나 관직에서 쫓겨났으면서도 '거사'를 위해 계획적으로 고위직까지 진출한 유일한 인물이다. 또한 세상을 뒤엎는 혁명 소설을 쓰면서 자신이 직접 '혁명'을 계획하고 실천한 세계에서도 몇 안 되는 '혁명가'였다.

그 결과 자신이 쓴 소설『홍길동전』은 해피엔딩으로 끝을 맺었지만 정작 작가의 최후는 비극으로 끝났다. 광해군 10년 (1618) 8월 반역의 주모자로 몰린 허균은 두 팔과 두 다리, 머리와 몸통이 6개 조각으로 찢기는 능지처참을 당한 것이다.

일곱 차례나 관직에서 쫓겨난 앞뒤 사정을 살펴보면 허균은 더욱 이해하기 힘든 인물이다. 1589년 누이 허난설헌이 죽은 슬픔을 딛고 생원 시험에 합격한 허균은 임진왜란이 끝나고 질서가 회복되면서 실시된 1594년의 과거 시험에서 을과(두 번째 등급)로 급제했다. 평소 자유분방한 행동으로 방탕자라는 비난을 받아 온 탓으로 관직 임용이 늦어졌다. 그런데 형의 도움으로 1597년 황해도 도사(종5품 벼슬, 오늘날의 부도지사)에 임명되었다. 그러나 허균은 서울의 기생들을 임지로 데려가 별장을 짓고 데리고 놀았다는 이유로 곧 파면되었다.

해직되어 서울로 돌아온 그는 이듬해인 1598년 보란듯이 문과 중시(문과 급제자들을 대상으로 10년마다 시행하던 시험)에 장원 급제해 조정의 중요 문서를 다루는 관리로 임용되었다. 그러나 1년도 못 가 방탕한 생활로 다시 해직되었다. 1601년 다시 복직되었으나 2년만에 양반의 품위를 손상한 자로 탄핵받아 관직을 박탈당했다. 예조판서가 된 형의 도움으로 1604년 다시 복직되어 황해도 수안 군수와 성균관 전적(교관)을 거쳤다. 1607년 삼척 부사(요즘의 시장)로 있다가 불교에 심취해, 관청 안에서 염주를 목에 걸고 일하는가 하면, 걸승 흉내를 내기도 해 유교 사회에 정면으로 도전했다는 이유로 다시 쫓겨났다.

네 번째 해직된 그는 1608년에 공주 부사로 복직되었는데 임지에 가자마자 탄핵을 받아 함경도로 유배되고 말았다. 1610년에는 시험 감독관으로 있으면서 친구와 친척들을 우선 합격시키는 부정 행위를 저질렀다는 이유로 다섯 번째 해직을 당했다. 1612년 12월 일본의 정세를 조사하는 왜정 진주사(倭情陳奏使)가 된 허균은 바로 다음 날 역모 혐의가 있다는 사간원의 탄핵을 받아 해직되었다.

이처럼 여러 번의 해직을 낳은 허균의 관직 생활은 평소 서얼 차별 같은 신분 제도의 모순에 불만을 품은 그의 자유분방한 행동의 결과이기도 하다. 그러나 허균이 방탕한 생활로 불만을 표현했던 것만은 아니다. 서출에게도 관직 임용의 길을 열어 달라는 상소를 제출해 조정의 미움을 사기도 했으며, 자신의 뜻이

받아들여지지 않자 여섯 명의 서출 출신들과 강원도 산 속으로 들어가 죽림칠현을 본떠 강변칠우(江邊七友)라 자처하기도 했다.

그의 일곱 번째 해직은 역모 혐의로 인한 것이었는데 일을 함께 꾸민 자들이 입을 다물어 처벌은 면했으나, 전라도 태인에서 거의 감금과 같은 격리 생활을 했다.

1613년 마지막으로 복직된 허균은 전과 달리 트집잡힐 일을 피하면서 현실적인 처세를 하는 한편 남몰래 혁명을 준비해 갔다. 1617년 12월 정책 입안의 총책임자인 좌참찬 자리까지 오르며 왕의 신임을 받던 허균은 자신이 1612년 역모에 관련되었다는 사실이 누설되자 거사를 앞당기기로 했다. 무력으로 왕궁을 점거해 권좌에 있던 양반 귀족들을 몰살시킨다는 계획 아래, 민심을 동요시키기 위해 밤에 남산에 올라가 "외적이 침입했으니 서울을 버리고 피난 가라"고 외치기도 했다. 그러나 불심 검문에 걸린 부하 현응민이 고문에 못 이겨 궐기 계획을 자백하는 바람에 허균 또한 체포당했다.

1618년 8월 광해군이 직접 인정전에 나아가 허균 일당을 심문했다. 그러나 허균의 차례가 되자 그의 입에서 당파 싸움 과정의 음모와 비리가 터져 나올 것을 두려워한 대신들이 왕을 만류했다. 왕이 "사형을 속히 해야 마땅하겠지만 물어야 할 것을 물어 본 뒤에 사형을 하는 것이 어떻겠는가?"라고 했으나, 대신들은 "도당들이 모두 승복했으니 달리 물어 볼만한 것이 없습니다"며 만류했다. 왕이 거듭 "오늘 사형하지 않겠다는 것이 아니라 심문한 뒤에 사형하고자 하는 것이다"고 말했으나 대신들의 만류는 거세었다. 이날의 일을 다룬 『조선왕조실록』은 "왕이 끝내 군신들의 협박을 받고 어쩔 수 없이 따랐다"고 기록하고 있다.

왕이 몸소 국문하는 과정을 목격한 사관은 광해군 10년(1618) 8월 24일의 「광해군일기」에 이렇게 밝히고 있다.

이때에 이이첨과 한찬남의 무리들은 허균이 사실대로 말하면 그들의 전후 흉모가 여지없이 드러나 다 같이 사형을 받게 될까 두려워했다. 그래서 자기들의 심복을 시켜 몰래 허균에게 말하게 하기를 "잠깐만 참고 지내면 나중에는 반드시 벗어날 수 있을 것이다"고 하고, 또 허균의 딸이 뽑혀서 후궁으로 들어갈 참이므로 다른 근심이 없으리라는 것을 보장한다면서 온갖 수단으로 사주하고 회유했다. 그러나 그 계책은 실로 허균을 빨리 사형에 처해 입을 없애려는 것이었다.

왕이 몸소 국문할 때 왕이 정상을 캐물으려고 하자 이이첨의 무리들은 허둥지둥 어쩔 줄을 몰라 하면서 그 당류들과 더불어 왕 앞에서 정상을 막고 은폐하며 갖은 말로 협박하고 논쟁해서 왕이 다시 캐묻지 못하게 했다. 왕이 마음대로 할 수 없어서 그들의 청을 따라주자 이이첨의 무리가 서둘러 허균을 끌고 나가게 했다. 허균은 나오라는 재촉을 받고서 비로소 깨닫고 크게 소리치기를 "하고 싶은 말이 있다" 했으나, 국청(역적 같은 중한 죄인을 신문하기 위해 임시로 설치한 곳)의 상하가 못 들은 척하니 왕도 어찌할 수 없어서 그들이 하는 대로 맡겨 둘 따름이었다.

03

조선 시대에 공무원은 결근하면 곤장을 맞았다

공무원의 기강 문란은 어제 오늘의 일이 아니었다.
일요일도 없고, 1년에 휴무가 20일에 불과했던 조선 시대 공무원들,
그들의 결근 습관은 곤장도 막을 수 없었다고 한다.
지각과 조퇴가 결근보다 더 큰 중벌로 다스려진 사연도 알아보자.

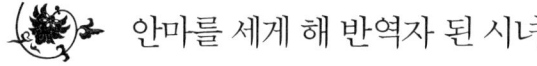 안마를 세게 해 반역자 된 시녀

태조 이성계의 아들 이방원은 형제들 사이의 치열한 왕권 쟁탈 싸움을 통해 왕위에 올랐다. 그러나 태종 이방원은 그의 나이 51살에 셋째 아들 충녕군에게 왕위를 넘겨주었으니 그가 바로 세종이다. 그런데 태종은 왜 아직 건장한 나이에 서둘러 왕위를 세종에게 넘겨준 것일까? 그것은 한편으로는 자신의 예기치 못한 갑작스런 사고에 대비하려는 뜻이었으며, 다른 한편으로는 왕위에서 물러나 상왕의 자격으로 세종의 왕권을 보강하려는 뜻도 있었다. 이에 따라 현직에서 물러난 상왕 태종은 세종의 집권 초기에 각종 국사에 관여하고 영향력을 행사했다. 그런데 아직 이빨이 빠지지 않은 이 늙은 호랑이에게 대들었던 사람이 있었으니, 장미라는 예쁜 이름의 시녀였다.

세종 2년(1490) 10월 11일 53살의 상왕 태종은 말한다.

내 나이 오십이 지난 뒤에는 잠을 편케 못 자고, 밤이 삼경이 되면 다시는 잠을 이루지 못했다. 그래서 시녀 장미를 시켜서 무릎을 두드리게 했더니 마음에 맞지 아니해, 내가 조금 꾸짖어 주고 바로 잠이 들었다. 그런데 장미가 조심 없이 갑자기 두들겨서 놀라 잠을 깨었다. 그 무례함을 미워해 대비에게 보내 그 정상을 물었으나 실상대로 대답하지 아니하므로, 내가 불러서 친히 물으니 말하기를 "꾸지람하심에 분이 나서 조심 없이 두드렸나"고 하니, 그 불경함이 크다. 인명이 중하다 하겠으나 징계하시 않을 수 없다. 잡아서 물에 넣든지 목을 졸라 죽이든지 해야겠다.

상왕이 격노했으니 세종이 이 일을 수습해야 했다. 변계량을 비롯한 세종의 대신들이 앞을 다투어 준엄하게 충언한다.

장미가 저지른 죄는 반역으로 논해야 될 것이니, 마땅히 세 정승과 함께 국문해 사형에 처해야 할 것입니다.

안마를 세게 했으니 반역이요, 영의정·좌의정·우의정 세 정승이 몸소 심문해야 한다는 것이다. 23살의 세종은 다소 침착한 편이었다.

장미의 일은 말만해도 오히려 부끄러우니 세 정승까지 번거롭게 할 것이 있겠는가. 영의정이 이미 몸소 국문하기로 되어 있으니 그렇게 하라.

'반역자' 장미는 어떻게 되었는가? 꺼낼수록 부끄러운 일인지 「세종실록」에 그 뒤의 일은 기록되어 있지 않다.

나는 술을 마시지 않았다! —— 영조

소주가 우리나라에 들어온 것은 1277년 고려 말 충렬왕 때였다고 한다. 소주의 원산지는 페르시아 지역이다. 페르시아의 증류법은 12세기 십자군 전쟁 때 유럽으로 건너갔고 포도주를 증류한 브랜디를 낳았다. 또 이 술은 고려를 침략한 몽고군을 통해 우리나라로 들어왔다. 페르시아 말로 증류주를 뜻하는 '아라키'라는 이 술이 개성에서 '아락주'로 일컬어진 것도 이같은 배경에서였다. 또 일본 침입을 위한 몽고군 병영이 안동에 있었기 때문에 지금도 안동은 소주로 유명한 고장이다.

소주는 곡식을 증류해 만드는 술인지라 조선 초기에는 주로 약으로 사용되었다. 그리고 대마도 유구국(지금의 오키나와)을 비롯한 일본의 사신이 올 때 하사하는 물품이기도 했다. 성종 21년 4월 10일의 「성종실록」은 그 무렵 소주 마시는 풍습이 널리 퍼졌음을 말해 준다.

사간 조효동이 아뢰었다.
"세종조에는 사대부 집에서 소주를 쓰는 일이 드물었는데 지금은 보통 잔치에서도 모두 쓰므로 낭비가 큽니다. 청컨대 모두 금지하도록 하소서."

그러자 임금이 말했다.

"이와 같은 일은 사헌부에서 마땅히 금지해야 할 것이다. 어떻게 생각하는가?"

특진관 손순효가 대답했다.

"일일이 금지하기는 어렵습니다."

또한 지사 어세겸이 말했다.

"소주를 낭비한다고 하지만 가난한 사람은 스스로 만들 수 없습니다. 또한 국가에서 어찌 개인 집에서 소비하는 것을 억눌러서 절제시킬 수 있겠습니까?"

그 뒤 흉년이 들어 양곡이 모자랄 때마다 소주 제조 금지령이 내려졌다. 그러나 소주는 차츰 민간 속에 뿌리를 내렸다. 또 지금의 희석식 소주와는 달리 증류식으로 만든 그 무렵의 소주는 알콜 도수가 높고 독했기 때문에 폭음해 죽는 사람도 자주 있었다.

중종 10년(1516) 4월 23일의 「중종실록」은 일찍이 장원 급제한 뒤 청렴하고 유능한 관리로 이름 높던 제주 목사 성수재가 소주를 많이 마셔 죽은 소식을 다루고 있다. 이처럼 소주를 폭음하고 죽은 고위 관료의 이야기는 심심찮게 『조선왕조실록』에 등장한다.

『조선왕조실록』에 등장하는 소주에 얽힌 사건 가운데 백미는 영조가 주인공으로 나오는 것이다. 영조 12년(1736) 4월 24일 야간 경연(임금 앞에서 경서를 강의하던 자리)이 끝난 뒤 조명겸은 왕을 찾아가 다음과 같이 아뢰었다.

사람들 사이에 떠도는 말을 가만히 들어 보니, 전하께서 술을 끊을 수 없다고들 합니다. 신이 그 거짓과 참을 알지 못하지만 오직 바라건대, 조심하고 염려하며 경계하도록 하소서.

그러자 임금은 이렇게 말했다.

내가 목이 마를 때에 이따금 오미자차를 마시는데, 남들이 가끔 소주로 의심했나 보다.

뇌물 주고 왕이 된 광해군

비운의 왕 광해군은 왕위를 계승할 세자가 되는 데도 파란곡절을 겪었다. 본디 선조는 열네 아들을 두었으나 왕비의 소생은 없었다. 부득이 서자 중에서 세자를 책봉해야 하는데 선조는 인빈 김씨의 둘째 아들 신성군을 마음속에 두고 있었다. 그러나 인품과 학식이 월등하다는 이유로 많은 대신들이 광해군을 추천하자 선조는 세자 책봉을 미루었다. 광해군에게는 장남인 친형 임해군이 있었지만 그는 무능하고 방탕하다 하여 일찍부터 논외의 인물이었다. 그러다 임진왜란이 일어나자 만일을 대비해 세자 책봉을 서두르면서 가까스로 광해군은 세자가 되었다.

그 뒤 정비인 인목왕후가 영창대군을 낳자 선조는 다시 고민하게 되었다. 대신들도 영창대군을 지지하는 쪽과 광해군을 지지하는 쪽으로 나뉘어 갈등이 증폭되어 갔다. 그러다가 선조가 급사하자 왕위 계승의 결정권은 왕후에게 넘어가게 되었는데 인목왕후는 예상밖으로 자신의 친아들을 제치고 광해군을 왕으로 책봉한 것이다.

그러나 일은 여기서 끝나지 않았다. 이번에는 중국에서 시비를 걸고 나섰다. 장자인 임해군이 살아 있는데 그 동생이 어떻게 왕이 되었는지 조사해야겠다고 했다. 왕이 이미 즉위해 있는

데 그의 형제를 만나 왜 왕이 안 되었는지 조사하겠다는 것이다. 이를 위해 엄일괴 만애민이라는 두 명의 명나라 관리가 조선으로 건너왔다.

조정은 이 일로 시끄러워졌다. 당연히 대질시켜 사실대로 알게 해야 한다는 주장이 제기된 반면, 대질 조사 자체가 왕을 욕되게 하는 일이라는 반론도 있었다. 결국 명나라의 명령을 어찌 어길 수 있겠는가 하는 점에 모두 동의하고 말았다. 이제 누가 왕이 되는가 하는 것은 두 명의 명나라 조사관에게 달렸다. 「광해군일기」는 명나라 사신 엄일괴와 만애민이 임해군을 찾아가 조사하는 과정을 기록하고 있다.

임해군 : 나는 일찍이 왜적에게 붙잡힌 적이 있어서 정신을 잃고 못된 행동을 했다. 또한 중풍에 걸려서 손발을 움직일 수 없다.
중국 사신 : 네가 반역을 도모하다 죄를 받은 것이 사실이냐?
임해군 : 아니다. 내가 병으로 정신이 혼몽했는데 노비들이 이러한 뜻을 가졌던 것 같으나 나는 몰랐다.

그러자 중국 사신은 그러냐고 하면서 대신에게 말하기를, "잘 보호하고 소홀히 대우하지 말라고 국왕에게 말을 전하시오"라고 했다.
「광해군일기」는 이 기록과 함께 내막을 밝히고 있다. 중국 사신이 임해군을 조사하기 전에, 대신이 임해군을 찾아가 조사받을 때 답변할 말을 미리 가르쳐 주었는데 임해군이 그대로 따랐다고 한다. 그리고 엄일괴를 비롯한 중국 사신이 임해군의 말을 다 사실로 믿지는 않았지만, 다고난 성품이 탐욕스리워 몇 만 냥의 은을 받고는 쉽게 조사한 뒤에 갔다는 것이다. 몇 만 냥이라니 왕의 자릿값치고는 너무 싸지 않은가? 왕이 교체될 때마다 일일이 종주국인 중국의 인가를 받아야 했던 시절의 슬픈 이야기다.

 왕의 일은 기록하지 말라

1506년 8월 14일 연산군은 사관에게 시정(時政)만 기록하고 자신의 사생활은 기록하지 못하도록 지시했다.

『춘추』에 이르기를 "어버이를 위하는 자는 꺼리어 숨기고 피한다(爲親者諱)" 했으니, 사관은 시정만 기록해야지 임금의 일을 기록하는 것은 마땅치 못하다. 요즈음 사관들은 임금의 일이라면 남김없이 기록하려 하면서 아랫사람의 일은 숨기고 피해 쓰지 않으니 죄가 또한 크다. 이제 이미 사관에게 임금의 일을 쓰지 못하게 했으나 아예 역사가 없는 것이 더욱 낫다. 임금의 행위는 역사에 구애될 수 없다.

고려 예왕(睿王)이 지은 시에 이르기를, "이때 한잔 술이 없다면 울적한 생각을 어찌 씻으랴" 했으니, 호탕하고 거리낌없기 이를 데 없다. 진나라 황제가 "눈과 귀가 좋아하는 바를 다 하고, 마음과 뜻이 즐거운 것을 다한다"고 말한 것을 후세에 모두 잘못되었다 하지만 그렇게 못할 것이 없다. 또 옛날 급암이 한나라 무제에게 말하기를 "(한나라 무제가) 속에 욕심이 많으면서 겉으로만 인의(仁義)를 베푼다"고 했는데, 급암이 아무리 고지식할지라도 임금 앞에서 이렇게 말할 수는 없는 것이다. 만약 죄 주기로 한다면 간신들보다 앞서야겠는데, 경들의 생각은 어떤가?

이에 대해 승지 강혼은 다음과 같이 아뢰었다.

『춘추』는 공자가 쓴 것인데, 노(魯)나라는 부모의 나라이므로 "어버이(어버이란 곧 왕을 가리킨다)를 위하는 자는 꺼리어 숨기고 피한다"고 한 것입니다. 역사를 쓰는 사람은 마땅히 사실에 의거해 바르게 쓰되, 시정을 기록할 뿐 임금의 일을 쓰는 것은 옳지 못합니다. 예왕은 시문을 짓고 읊는 풍류의 도를 좋아해 늘 곽여와 더불어 읊고 화답하되, 시사(詩辭)가 아주 호탕하고 거리낌없었으니, 그러는 것이 무슨 해로움이 있겠습니까. 급암의 말은 과연 옳기는 했지만 너무 지나쳤기 때문에 무제가 "심하도다, 급암의 고지식함이여"라고 탄식한 것입니다. 고지식하다는 것은 곧 어리석고 곧다는 뜻이니, 전하의 가르침이 지당하십니다.

연산군은 왕의 행위는 역사에 구애될 수 없으니 왕의 일을 기록하지 말라고 했으나, 이 말이야말로 역사를 의식한 말이다. 포악한 행동을 거침없이 한 연산군이었지만 자신의 행동이 역사에 기록되어 남는 것은 피하고 싶었던 것이다.

그러나 연산군의 지시가 있었는데도 많은 기록과 목격담이 남아 그의 비행을 오늘까지 전하고 있다. 역시 손바닥으로 해를 가리는 것만큼 어려운 일은 없는 법이다.

 왕은 임진왜란이 일어난 것을 나흘 뒤에야 알았다

1592년 4월 13일, 새벽 안개를 뚫고 왜구가 바다를 건너왔다. 도요토미 히데요시가 20여만 명의 군사와 36명의 장수를 이끌고 몇 만 척의 배로 침략한 것이었다. 왕이 보고를 받은 것은 나흘 뒤인 4월 17일 오후였다. 그 무렵 상황을 「선조실록」을 통해 보자.

부산에서 망을 보던 관리가 처음에 먼저 온 400여 척의 배를 보고 본 진영에 알렸다. 그런데 변장(邊將)은 단지 처음 보고받은 것만을 근거로 이를 실제 수효로 여겼다. 그리하여 병마절도사(종2품 무관)는 "적의 배가 4백 척이 채 못 되는데 한 척에 실은 인원이 몇십 명에 불과하니 그 대략을 계산하면 약 1만 명쯤 될 것이다"라는 보고를 올렸다. 따라서 조정에서도 그렇게 여겼다.

왕은 즉각 군사를 내려보내 방어에 나서도록 했다. 그러나 서울에서 내려간 정예병들도 죽거나 도망치는 패전을 거듭했다. 4월 28일 충주 전투에서 명장 신립 장군이 패배했다는 소식이 전해지자 조정은 전의를 상실했다. 서울을 버리고 피난 가야 한다는 주장이 나왔다. 그 반대도 만만치 않았다. 『조선왕조실록』을 보자.

신하가 아뢰되 "전하께서 일단 도성을 나가시면 인심을 보장할 수 없습니다. 전하의 가마를 맨 인부도 길가에 가마를 내버려 둔 채 달아날 것입니다"라며 목놓아 통곡하니 임금은 얼굴빛이 변해 내전으로 들어갔다.

4월 29일 여전히 찬반이 떠들썩했으나 왕은 파천(왕이 왕궁을 버리고 피난 가는 일)을 결정했다. 상황은 이미 위기로 치닫고 있었다. 선조 25년(1592) 4월 29일의 실록은 그 광경을 이렇게 묘사하고 있다.

이날 밤 호위하는 군사들은 모두 달아나고 궁문엔 자물쇠가 채워지지 않았으며 궁중의 물시계는 시간을 알리지 않았다.

4월 30일 새벽, 억수같이 쏟아지는 빗속에서 왕은 피난을 떠났다. 대열은 채 백 명도 되지 않았다. 점심은 벽제에서 먹었는데 왕자들도 반찬 없이 맨밥을 먹었다. 저녁 무렵 임진강 나루에 도착해 강을 건너는 모습도 「선조실록」은 전하고 있다.

저녁에 임진강 나루에 닿아 배에 올랐다. 왕이 신하들을 보고 엎드려 통곡하니 좌우가 눈물을 흘리며 감히 쳐다보지 못했다. 밤이 칠흑같이 어두운데 한 개의 등촉도 없었다.

　동해안과 남해안에서 왜구가 자주 침탈했고, 왜적의 대대적인 침략을 경고하는 보고도 있었다. 따라서 이는 무방비와 안일에 젖은 지배 세력이 자초한 비극이었다.
　비록 교통과 통신이 제대로 발달하지 못한 시절이었지만 외적의 침략에 대비한 봉화 제도는 이미 확립되어 있었다. 봉수대의 다섯 개 굴뚝에 각각 다른 수의 불을 때어 외적의 침입 정도를 몇 단계로 나누어 보고하는 봉화 제도는 조선 초기부터 중시된 것이었다. 왜적이 부산 앞바다로 침입해 온 임진왜란의 경우 부산 다대포에서 경상도, 충청도와 경기도 광주 천림산을 거쳐 다시 서울 남산 봉수대로 이어지는 남방 루트를 통해 봉화가 전파되었어야 했다. 이때 봉홧불이 제대로 올랐다면 서울에선 하루만에 전쟁 발생을 알았을 것이다.
　북진해 오는 왜적에 대비하고 서울을 방비하는 데 사흘이라는 아까운 시간을 허비한 결과는, 밤비를 맞으며 왕이 서울을 버리고 가는 비극으로 나타난 것이다.

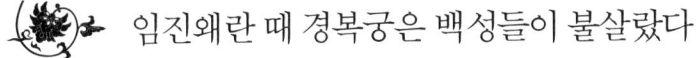 임진왜란 때 경복궁은 백성들이 불살랐다

1950년 6월 27일 이승만 대통령은 서울을 사수하겠다고 시민들을 안심시켰다. 그러나 그의 육성 녹음이 방송으로 나가고 있던 때 대통령은 이미 수도를 대전으로 옮기기 위해 서울을 떠나고 있었다. 대통령이 서울을 떠난 뒤 한강 다리는 폭파되었다. 역사는 되풀이되는가?

1592년 4월 30일 새벽 선조는 서울을 버리고 임진강으로 향했다. 그러나 서울의 사대문은 여전히 굳게 닫혔으며 백성들이 피난 가는 것은 금지되었다. 당연하게도 밧줄을 타고 성을 빠져나가는 자들이 늘어났으며 약탈과 겁탈이 기승을 부렸다. 방화도 잇따랐다. 임진왜란 때 일본군이 불태운 것으로 알려진 경복궁도 사실은 배신당한 조선 백성들이 불태운 것이었다. 「선조수정실록」은 이렇게 증언한다.

도성의 궁성에 불이 났다. 왕의 피난 행렬이 떠나려 할 즈음 도성 안의 간악한 백성이 먼저 내탕고(임금의 개인 재물을 두는 곳)에 들어가 보물을 다투어 가져갔다. 이윽고 행렬이 떠나자 난민이 크게 일어나 먼저 장례원과 형조를 불태웠다. 이는 두 곳의 관서에 공사 노비의 문서가 있기 때문이었다. 그리고는 마침내 궁성의 창고를 크게 노략하고 불을 질러 흔적을 없앴다. 경복궁·창덕궁·창경궁의 세 궁궐이 일시에 모두 타버렸다. 역대의 보물과 문무루 홍문관에 간직해 둔 서적, 춘추관의 각 왕조 실록, 다른 창고에 보관된 고려 왕조의 사초, 『승정원일기』가 모두 남김없이 타버렸고, 내외 창고와 각 관서에 보관된 것도 모두 도둑을 맞거나 불탔다.

임해군의 집과 병조 판서 홍여순의 집도 불에 탔는데, 이 두 집은 평상시 많은 재물을 모았다고 소문이 났기 때문이었다. 유도대장(留都大將)이 몇 사람을 참수해 군중을 경계시켰으나 난민이 떼로 일어나서 금지할 수 없었다.

이때 불에 탄 경복궁은 고종 2년(1865)에 중건에 들어간다. 왕실의 권위와 위엄을 세우기 위한 대원군의 정책이었다. 경복궁 중건 비용을 염출하기 위해 통행세 따위의 각종 세금이 강제로 부과되고, 경기도 내 백성들에겐 강제로 부역을 시켰다. "우리나라 좋은 나무는 경복궁 짓는 데 다 들어간다"는 「경복궁타령」의 가사처럼 전국 각지에서 채벌도 행해졌다. 백성들이 불태웠던 경복궁이 마치 백성들에게 '복수'하는 것 같았다. 이와 같이 백성들의 부담과 고통 속에서 2년 만에 광화문·근정전·경회루를 포함해 경복궁은 중건되었다.

역사는 되풀이되는가! 중건된 경복궁의 철거와 재중건이 이어졌다. 일본 제국주의는 경복궁의 남문인 광화문과 그 뒤편 궁궐들을 헐어내고 그 자리에 식민 통치 기관인 조선총독부의 청사를 세웠다. 총독부 청사는 미군정기에 군정청으로 사용되었고, 이때부터 중앙청이라 일컬어졌다. 이윽고 정부 수립 후 이승만 대통령은 이곳을 집무실로 사용했다. 그 뒤 박정희 대통령은 일제가 철거한 광화문을 복원시켰고, 청와대 경비를 구실로 경복궁 북문 안에 군대를 주둔시켰다. 이 부대는 12·12 사태 때 정치 군인들의 사령부로 이용되어 유명해졌다.

1996년 김영삼 대통령은 중앙청을 철거하고 이 부대를 철수시켜 대원군 시대 이후 처음으로 경복궁은 본연의 모습을 찾게 되었다.

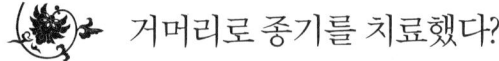 거머리로 종기를 치료했다?

중종 28년(1534) 2월 26일 약방을 맡고 있던 장순손은 피 빨아먹는 거머리의 습성을 이용한 민간 요법을 왕에게 권했다.

사람 몸의 혈기는 피부 안에 있으니 이는 마치 나무의 진액이 껍질 안에서 오르내리는 것과 같습니다. 혈기는 한계가 있어서 비록 평상시라 해도 늘 영양이 좋도록 해주는 것이 우선인데, 더구나 종기를 앓고 난 뒤가 아니겠습니까. 만약 종기가 처음 생길 때라면, 나쁜 피가 엉길 때는 거머리로 빨아내게 하는 것이 제일입니다. 하지만 이미 곪아터진 뒤에는 쓸 수가 없습니다. 대체로 거머리가 피를 빨아내는 곳은 피부의 표면에 가까운 곳이니, 피부 깊은 곳에 고름이나 피가 있으면 거머리가 빨아낼 수 없습니다. 거머리가 빨아냈으나 곪은 곳은 지금까지 아직 낫지 않은 것으로 보아, 거머리가 피부 깊은 곳까지 빨아내지 못하는 것이 분명히 증명되었습니다.

거머리 치료법은 분명 일정한 효과가 있었던 모양이다. 중종의 답변 역시 구체적이다.

요즘 계속해 약을 먹었으나 아직 낫지 않고, 나쁜 진물이 나오는 속에 고름이 섞여 나오기도 하기에 거머리로 시험해 보았더니, 딴딴하고 도독해진 곳이 삭아서 편편해졌다. 그러나 고름이 많이 나오고 새로운 피가 생기므로, 거머리를 이용하는 것이 도에 지나치면 오히려 새 피에 해로울 듯하다. 그리하여 벌써 거머리 사용을 그만두고 태일고를 붙였다. 아직 종기의 주위에 남은 독이 뭉쳐서 편편하지는 않다. 처음보다는 많이 삭았지만 아직 고름이 그치지 않으니, 삼나무 진액을 쓰고 십선산도 먹어야겠다. 처음에 복용할 때부터 모두 술에 타서 먹었다.

왕도 아프면 별 수단을 쓰지 않을 수 없었던 것이다. 그러나 피를 빨아먹는 거머리의 습성을 이용한 종기 치료에서 옛사람들의 지혜를 엿볼 수 있다. 오늘날 일부 사람들은 이처럼 옛사람들의 지혜가 담긴 민간 요법에 많은 관심을 보이기도 한다. 그러나 쌀 재배 면적이 차츰 줄어들고, 농약 살포량이 차츰 늘어가며, 모내기까지 점차 기계화해가는 추세로 볼 때, 징그럽기만 한 거머리는 끝내 구경하기도 어렵게 되지 않을까?

 파주로 서울이 옮겨질 뻔했다

광해군 4년(1612) 11월 5일 왕은 교하(경기도 파주의 금촌역 부근)로 도읍을 옮기는 일에 대해 2품 이상의 관리들에게 논의하게 했다. 그리고 이듬해 1월 3일 왕은 비밀리에 비변사에 명령해 교하 지역을 살피고 형세를 그려오게 했다.

> 예로부터 왕들은 반드시 성읍을 따로 건설해 예기치 않은 일을 대비했으니, 도읍 옮기는 것만을 말하는 것이 아니다. 교하는 강화를 앞에 마주하고 있고 형세가 아주 기이하다. 독성 산성의 예에 따라 성을 쌓고 궁을 짓고는 때때로 순행하고 싶다. 대신과 해조 당상은 헌관·언관·지관과 함께 날을 택해 가서 살피고 형세를 그려오라.

광해군이 이처럼 서울을 교하현으로 옮길 생각을 가진 것은 지관 이의신의 건의에 따른 것이기도 했다. 한편 이때 임진왜란으로 불에 탄 창덕궁이 재건되어 그곳으로 거처를 옮겨야 했다. 그러나 연산군의 변란을 꺼림칙하게 여겼던 광해군은 이 일을 차일피일 미루고 있던 터였다. 뿐만 아니라 임진왜란 이후 이씨 왕조의 기운이 쇠했으며 역성 왕조가 나타날 것이라는 풍문도 퍼져 있었다.

그밖에도 광해군이 교하로 천도할 것을 생각한 것은 실리적인 판단에 따른 것이라는 해석도 있다. 곧 교하 지역은 임진강을 끼고 있고 주위에 너른 평야가 있어 물과 식량 조달이 쉬우며, 무엇보다도 서울보다 외침에 대비하기 쉽다는 것이다.

그러나 광해군의 시도는 관리들이 모두 강력히 반대해 무산되었다. 그릇된 제안을 올린 이의신을 잡아 가두고 처벌하라는 상소도 빗발쳤다. 광해군 5년(1613) 2월 23일의 「광해군일기」를 보자.

> 이의신은 하찮은 일개 기술관일 뿐이므로 그 요사스럽고 망령된 것은 변론할 것도 없습니다. 하지만 그 가운데서도 이른바 왕조의 기운이 이미 다했다는 말은 과연 신하로서 감히 할 수 있는 말입니까? 왕이 있는 곳에는 반드시 기가 따르는 것인데, 이미 다했다고 말한다면 이는 의신이 임금이 있는 줄 알지 못하고 종묘사직이 있는 줄을 알지 못하는 것입니다. 생각건대, 우리 조정이 나라를 세운 지 지금 200년이 되었습니다. 태평한 정치가 예나 지금이나 뛰어났습니다. 중간에 불행한 운수를 만났지만 다시금 왕조의 기운을 떨쳤으니 아름다운 기운이 여전히 왕성하다는 것을 미루어 알 수 있습니다.
>
> 그런데 뜻밖에 괴이한 의견으로 감히 요사스러운 설을 일으켜, 위로는 임금의 귀를 기만하고 아래로는 뭇사람의 마음을 당혹시킨 바람에, 나라 안팎이 놀라 기운이 심상치 않아 하루

도 보존하지 못할 듯합니다. 그러므로 의신의 살을 만 갈래로 찢어도 그 악함을 징계하기에 부족합니다. 그런데도 성상께서는 죄를 주지 않을 뿐만 아니라 오히려 그 설을 믿으시고, 심지어 가 살피라는 명까지 내리셨습니다. 무릇 교하는 일개 작은 현인데다 포구에 치우쳐 있어 성을 쌓고 부서를 만들기에는 결코 좋은 곳이 아닙니다. 이것은 이웃 나라에 들리게 해서는 안될 일입니다. 의신의 죄를 왕법으로 용납하기 어려우니, 법률에 따라 죄를 내리시고 가 살피라는 명을 빨리 취소하소서.

왕은 "나라를 다스리는 데 어찌 멀리 내다보는 계획이 없는가"며 탄식했다. 그러나 이구동성으로 반대하는 여론을 무시할 순 없었다.

교하로 도읍지를 옮기려 했던 광해군의 발상은 몇백 년이 지난 오늘날 다시 주목받은 적이 있는데, 적지 않은 전문가들이 통일 한국의 새로운 수도를 바로 이 지역으로 정해야 한다고 생각한 것이다.

조선 상류 계급의 혼외정사

『조선왕조실록』에 등장하는 사건들을 미루어 볼 때 점잖은 양반들의 사회인 조선 시대도 성적인 방종과 문란은 그 정도가 오늘날과 비교해 결코 뒤지지 않는다고 할 수 있다. 조선이 유교 국가며 오늘날처럼 성의 상품화가 폭넓게 일어나지 않았다는 점까지 감안한다면 이런 분석은 더욱 타당한 것이다.

세종 18년(1436) 4월 20일 조정은 처제와 간통한 사대부 한 사람을 법대로만 처벌할 것인지, 법보다 더한 처벌을 할 것인지 논란을 벌였다. 사헌부에서는 이 사건에 대해 왕에게 다음과 같이 보고했다.

> 이석철이 처제인 종비와 통간했는데, 무릇 화간에는 남녀의 죄가 곤장 80대로 같사오나, 처제와 통간한 자는 보통 간통한 예로 논죄할 수 없습니다. 그러므로 친족끼리 서로 간통한 법에 견주어, 처제와 통간한 자에게 곤장 1백 대, 징역 3년에 처하는 형이 옳을 것 같습니다.
>
> 그러나 우리나라의 풍속이 사위가 처가에 붙어서 생활을 하고 있을 때, 처가 식구들이 모두 죽고 아내와 자매가 의지할 곳이 없으면 기르고 키워서 성혼시켜 줌으로 그 의리가 골육과

같습니다. 지금 이석철과 종비의 추잡한 행실은 금수와 같으며, 풍속을 문란하게 함이 이보다 더할 수 없습니다. 만약에 법 구절만을 좇는다면 악을 징계할 수 없사오니, 마땅히 크게 징계해서 후세 사람들을 경계하게 하소서.

임금은 사정전에 나아가 도승지 신인손을 불러 말했다.

고려 말에 바람결에 들리는 소문만을 가지고 처벌하는 일이 성행했다. 이것이 마침내 무고한 사람에게까지 미쳐서 원통하고 억울하게 된 자가 수없이 많았기 때문에, 우리 태조와 태종께서 그 해독을 깊이 아시고 소문만 가지고 사람을 벌하는 법을 혁파했다.

그 뒤 변중량의 누이동생이 사내 종과 간통해서 일이 탄로 나자 그 죄를 덮으려고 그 지아비가 모반한다고 고소했다. 그러나 사실이 아니었으니 무고일 뿐만 아니라 그 지아비가 매로 인해서 죽었다. 그리하여 아내로서 지아비를 해쳤기 때문에 참형을 당했다.

또 유은지의 누이동생이 승려와 몰래 간통하다가, 사내 종 세 사람이 이 사실을 알고 있는 것을 알아채고 이들을 모두 죽였다. 그러나 이들이 비록 종이라 하더라도 인명이 중하므로, 밝게 법으로 다스려서 참형에 처했다. 승지 윤수의 아내 조씨는 외사촌 홍중강과 장님 하경천과 통간했으므로 역시 극형에 처했다. 이는 우리 조종(祖宗)께서 형벌을 적당하게 내리고 그

릇됨이 없었던 것이다.

내가 즉위한 뒤에 관찰사 이귀산의 아내가 지신사 조서로와 간통했다. 내가 그때에 나이 젊고 한창이던 때라, 우리나라 풍속이 집집마다 토지와 노비가 있고 상하가 구분이 있어 중국에서 칭찬하던 바였는데, 뜻하지 않게 사족(士族) 벌열(閥閱)의 집안에 이러한 추잡한 행실이 있어서 나라를 다스리는 데 흠이 되었기 때문에 이를 깊이 미워해 법률보다 더한 형벌을 내렸다.

요즈음 유귀수의 딸 유감동이 기생이라 사칭하고 방자하게 행동하고 있다. 또 금음동과 동자는 모두 양가의 딸로서 사촌형과 통간하고, 또는 외간 남자와 통간해 풍속을 문란케 했기 때문에, 법률에 따라 죄를 묻고 천인으로 만들었다. 또 유장의 딸인 안영의 아내는 외사촌 홍양생과 통간하고, 이춘생의 딸인 이진문의 아내는 이의산과 양인 허파회와 통간했기 때문에, 모두 법률에 따라 죄를 묻고 서울 바깥으로 쫓아냈다.

지금 이석철의 일은 친족끼리 서로 통간한 것이 아니며, 사헌부에서 올린 글에서도 아주 자세하게 말했으나, 법률 외의 형벌을 가하는 것은 실로 잘한 정사가 아니다. 지난날 한두 가지를 빼고 나머지 형벌은 지금 후회가 된다. 의정부에 가서 잘 의논해서 아뢰도록 하라.

세종대왕의 생각인즉 처제와 간통했다고 해서 법률보다 더 엄하게 처벌하긴 곤란하지 않느냐는 것이었다. 그러자 의정부에서 의논한 뒤 영의정 황희·좌의정 최윤덕·우의정 노한·참찬 신개 들이 말했다.

전하의 말씀이 지당하오니 다시 무슨 말씀을 하겠습니까마는, 이석철의 더러운 행실은 온 나라의 신하와 백성들이 모두 다 미워하는 바입니다. 만약에 법률대로만 따른다면 여론에 맞지 않을 것 같습니다. 엎드려 바라옵건대, 법률대로 죄를 물으시고 변방에서 군에 복무케 하소서.

결국 왕은 이에 따라 가중 처벌에 동의했다. 이석철과 종비는 각각 곤장 80대에 처해졌다. 종비의 부모도 지방에 안치하고, 이석철은 변방의 군대로 보내졌다. 또 이석철은 죽을 때까지 벼슬을 할 수 없게 했다.

첩을 마음대로 둘 수 있는 사회인데도 기혼자들의 간통으로 인한 성 문란의 정도는 오늘과 비슷한 수준이다. 그러나 이석철의 경우처럼 그 대가는 훨씬 가혹했다.

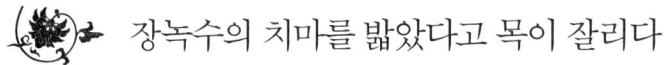 장녹수의 치마를 밟았다고 목이 잘리다

연산군 11년(1505) 11월 7일, 연산군의 총애를 받던 장녹수의 위세가 하늘을 찌를 때였다. 연산군의 유흥을 위해 동원된 기생 중에서도 하급인 운평에 속하는 옥지화라는 기생이 연산의 후궁인 장녹수의 치마를 밟은 '사건'이 발생했다. 장녹수가 연산에게 일렀는지 왕은 신하를 불러모아 옥지화를 처벌토록 했다. 그러자 영의정·좌의정·좌찬성·우찬성, 각조 판서와 대사헌까지 나서서 옥지화의 죄가 참으로 크니 참형에 처해야 한다고 이구동성으로 진언했다. 이 말을 들은 연산의 답변이 걸작이었던지 「연산군일기」는 이를 그대로 기록하고 있다.

아주 천한 것이 질그릇이나 이것으로 요강을 만든다면 진실로 천하지만, 만약 어전에 쓸 물건을 만든다면 천하게 여길 수 없다. 옥지화와 같은 운평(하급 궁중 기생)이 숙용(종3품 후궁)이나 숙원(종4품 후궁)에 대해 감히 저와 다를 것이 없다고 생각해 조금이라도 능멸함이 있다면 불경하기가 그지없으니, 이런 사람이 있으면 마땅히 벌로 다스려야 한다.

노비 출신이었던 장녹수를 염두에 둔 말이다. 옥지화는 치마 한번 밟은 죄로 결국 목이 베어졌다.

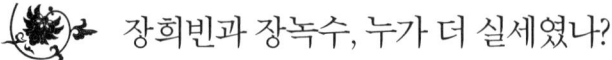 장희빈과 장녹수, 누가 더 실세였나?

　오늘날 공무원들을 4급 서기관, 5급 사무관 하는 것처럼 조선 시대의 관료들도 정1품에서 종9품까지 직급이 구분되었는데 이를 품계라 불렀다. 그런데 재미있는 것은 왕비를 제외한 모든 후궁들도 관료처럼 품계가 매겨져 서열이 분명했다는 사실이다. 곧 이들 후궁들은 정1품 빈, 종1품 귀인, 정2품 소의, 종2품 숙의, 정3품 소용, 종3품 숙용, 정4품 소원, 종4품 숙원 같은 품계로 구분되었다. 그리고 후궁의 이같은 서열은 자녀를 낳았는지, 특히 왕자를 생산했는지, 그 왕자가 세자로 책봉되었는지에 따라 달리 매겨졌으며 또 이에 따른 '승진'도 있었다.
　잘 알려진 장희빈의 경우를 보면, 그녀는 왕후의 시종으로 있다가 숙종의 눈에 들어 후궁이 되었다. 그러다 1686년 종4품 숙원이 되고, 1688년 왕자를 낳으면서 정2품 소의로 승진했으며, 1689년 그 왕자가 세자로 책봉되자 정1품 빈이 되어 장희빈으로 일컬어지게 되었다. 그러나 이때 왕비의 나이가 겨우 22살로, 왕비의 소생을 기다려야지 후궁의 소생으로 세자를 책봉하는 것은 문제가 있다는 논쟁이 벌어졌다. 기사환국이라 일컬어지는 이 당파 싸움 과정에서, 중전인 인현왕후가 폐비되고 장희빈이 왕비로 승격해 여성으로서는 최고위직인 중전이 되었다.

엎치락뒤치락하는 당파 싸움 속에서 1701년 인현왕후는 복위되고 장희빈은 다시 '빈'으로 강등되었다. 인현왕후가 병으로 죽은 뒤 장희빈에게 기회는 다시 찾아 왔다. 그러나 장희빈이 인현왕후가 죽기를 기원했다는 증거가 발견됨으로써 장희빈은 사약을 받고 파란만장한 일생을 마쳤다.

　한편 장녹수는 장희빈과 마찬가지로 종4품 숙원에서부터 후궁의 길을 시작했다. 그리고 연산 9년에 2계급 승진해 숙용이 된 뒤 죽을 때까지 그 품계에 머물렀다.

　그러나 숙용이었던 장녹수는 역대 어떠한 왕비나 후궁보다도 왕의 총애를 더 많이 받았고 권세 또한 전무후무하게 막강했다. 직급은 장희빈이 높았으나 권력은 장녹수가 몇 단계 위였던 셈이다. 이런 일은 우리의 가까운 현대사 속에서도 찾아볼 수가 있는데, 박정희 정권 말기에 국무총리보다 높았던 차지철 청와대 경호실장이나 대통령보다 힘이 세었던 전두환 보안사령관 들을 우리는 가끔 구경할 수 있었다.

 현장만 들키지 않으면 간통도 무죄

소근소사라는 여인이 그의 양아들인 변득비와 간통해 임신한 사건이 발생했다. 세종대왕은 자신의 의견을 말하면서 의정부와 6조의 견해를 물었다. 세종의 의견은 이러했다.

이 일은 천하가 용서할 수 없는 행위다. 그러나 율문에 "간음 현장에서 붙잡지 않고 간음했다고 고소하는 것은 논죄하지 말라. 임신한 것이 분명하면 단지 그 여자 본인만 처벌한다"고 되어 있지 않느냐? 소근소사가 간음한 정상이 비록 뚜렷하나 간음 현장에서 붙잡은 것이 아니니, 다만 그 여자를 처벌할 뿐이고, 간부는 율문에 따라 사건을 수리하지 않아야 마땅하다.

이어지는 세종의 논리 전개는 다음과 같다. 곧 "만약 양반의 본처가 이같은 일을 범했을 때 차마 간음 현장에서 붙잡은 것이 아니라고 해서 어찌 그냥 내버려 둘 수 있겠는가? 그러나 법률의 규정을 준수하지 않고 일을 처리한다면 그 폐단은 더 크지 않겠느냐"는 것이다. 또 일반인들은 가까운 사이이거나 친족일 경우 안팎 구별이 엄하지 않은데, 만약 원수나 원한이 있는 자가 있어서 아무개가 아무개와 간통했다고 고발하면 그 말에 좇아서 형벌을 주는 것은 율문에 어긋나는 바가 있다는 것이다. 물증 없이 심증만으로 처벌할 수 없다는 말이다.

이럴 때도 옳고 그름을 묻지 않고 처벌을 주장하는 사람들은 있기 마련이다. 그들은 말한다.

> 법률이 비록 그러하나 이 일은 삼강오륜에 관계되는 것이니 벌을 주지 않을 수 없습니다. 더군다나 이 여자는 매 한 대도 치지 않았는데 하나하나 정상을 고백했으니 거짓 자백한 것이 아닙니다. 마땅히 중한 형벌에 처해 야박한 풍속을 징계하게 하소서.

나흘 뒤인 1431년 6월 22일의 「세종실록」은 의금부에 보고한 이 일의 결말을 이렇게 기록하고 있다.

> 지금 소근소사와 이웃 사람들과 관령들을 국문했으나 사건의 증거가 분명하지 않습니다. 또 법률에 "간음한 장소에서 붙잡지 않은 것과 간음했다는 고발만으로 죄를 논하지 말 것이며, 간부(姦婦)가 임신한 것은 그 여자 본인을 처벌한다"고 했습니다. 더군다나 이번 6월 21일에는 도주범 말고는 모두 다 용서했으니, 청컨대 소근소사를 석방하소서.

심증으로 윽박지르고 자백만으로 기소하는 경우는 요즘도

문제가 되고 있다. 우리는 500년 전보다 더 나은 세상에 살고 있는가?

 조선 시대에 공무원은 결근하면 곤장을 맞았다

조선 시대의 관리들은 해가 긴 봄 여름에는 하루 12시간, 해가 짧은 가을 겨울에는 하루 8시간씩 일했다. 요즘과 비교해도 근무 시간이 그리 많은 것은 아니다. 그러나 일요일도 없고 1년에 휴일로 쉬는 날이 20여 일 정도 되다 보니 결근도 잦았다. 성종 13년(1482) 1월 4일 왕은 결근하는 관리들에 대해 신하들과 의논했다. 「성종실록」을 보자.

김승경이 아뢰었다.
"국법에 해가 길 때에는 관리가 묘시에 출근해 유시에 퇴근하며, 해가 짧을 때에는 진시에 출근해 신시에 퇴근하도록 되어 있습니다. 그러나 저희가 여러 관리들을 조사해 보니, 출근하지 않은 사람이 많습니다. 그런데 모두 매 10대로 다스리니, 죄를 부과함이 지나치게 가볍기 때문입니다. 청컨대 다른 법을 세우소서."

임금이 이 말을 듣고 신하들에게 물으니 이조판서 노사신이 대답했다.

"비록 다른 법을 세우지 않더라도 이미 부과(관리의 잘못을 관리 명부에 적어 두는 것)하는 법이 있으니, 결근을 많이 하는 사람은 파직시키는 것이 옳을 듯합니다."

임금이 말했다.

"부과하는 법이 아주 좋다."

결근하면 매가 10대요, 자주 결근하면 파면이라는 것이다. 무단 결근에 매를 10대 치는 것은 '대명률'에 따른 것이다. 대명률에 따르면 아무 이유 없이 자리에 나오지 않은 사람은 하루에 태형 10대로 논해 단죄하고, 늦게 출근한 사람과 일찍 마치고 돌아간 관리는 태형 50대로 논해 단죄한다는 것이다. 세종 13년 (1431) 3월 15일 왕이 지각과 조퇴가 결근보다 더 무거운 벌을 받게 된 점을 고치도록 지시했으나 이 제도가 바뀌었다는 기록은 없다. 그러나 분명한 것은 이런 엄한 벌칙이 있는데도 관리들의 근무 기강 문란은 조선 시대 내내 문제가 되었다는 사실이다.

성만 같아도 결혼 못했다

1996년은 예외적으로 동성동본 남녀의 혼인 신고를 받아 주는 해였다. 이런 조치가 10년에 한 번 꼴로 실시되고 있었는데 그것은 우리나라의 법이 동성동본끼리 혼인하는 것을 인정하지 않았기 때문이다. 그러다가 2000년부터 8촌 이내의 혈족을 제외한 동성동본 결혼이 허용되게 되었다.

남북 합쳐서 7천만이 넘는 인구가 살고 있는데 성과 본관이 같다 해 혼인을 인정하지 않는 것은 개명천지와 어울리지 않는 일이다. 그러나 관습이란 무서운 것이어서 비록 당장 법이 바뀌었다 하더라도 사람들의 의식이 바뀌는 데는 훨씬 많은 시간이 걸릴 것이다.

동성동본의 혼인이 금지된 것은 조선 후기부터다. 그 이전에는 이보다 덜 엄격한 동성 불혼, 곧 성이 같은 사람끼리 결혼할 수 없는 제도가 실시되었다. 사실상 근친혼만이 금지되었던 고려의 혼인 제도는 고려 말에서 조선 초를 거치면서 동성 불혼제로 바뀌었고, 조선 중기로 갈수록 더욱 엄격해졌다. 연산군 3년(1497) 5월 10일 왕은 성이 같은 여자에게 장가들어도 되는지 물었다. 그러자 예조에서 이렇게 대답했다.

옛날 노나라 소공이 오나라에 장가들었는데, 동성이기 때문에 숨기어 오맹자라고 했습니다. 『예기』에 이르기를, "동성에 장가들지 않는 것은 분별을 엄격하게 하는 것이다"고 했고, 또 이르기를, "성을 모르면 점을 쳐서 정한다"고 했습니다. 따라서 저희 의견으로는 동성에게 장가들 수 없다고 봅니다. 조선 초기에는 관혼상제에 관한 제도가 갖추어지지 않았기 때문에 이따금 있기도 했지만, 세종조 이후로는 본 적이 없었습니다. 그러므로 지금 동성에게 장가들 수는 없습니다.

「태조실록」에 이성계의 5대조 할아버지 이양무가 이강제의 딸에게 장가드는 기록이 나오는 것을 보더라도 고려 시대의 혼인은 조선 시대보다 자유로웠다. 동성불혼 제도는 조선이 유교 국가로서 틀을 세우는 과정에서 실시되었으며, 개화의 물결이 닥쳐올 때까지 날로 엄격해졌다.

 왕서방에게 담배 팔아먹은 조선 사람들

담배의 원산지는 남아메리카 중앙의 고원 지대다. 1558년 스페인 국왕 펠리페 2세가 남아메리카로부터 종자를 들여와 재배해 유럽으로 전파되었다. 『조선왕조실록』에 따르면 우리나라에 담배가 들어온 것은 일본을 거쳐서 였으며 1616년으로 기록되어 있다. 인조 16년(1639) 8월 4일의 「인조실록」을 보자.

우리나라 사람이 몰래 담배를 중국 심양에 들여보냈다가 청나라 장수에게 발각되어 크게 힐책을 당했다. 담배는 일본에서 생산되는 풀인데, 그 잎이 큰 것은 7~8촌(寸)쯤 된다. 가늘게 썰어 대나무 통에 담거나 혹은 은이나 주석으로 통을 만들어 담아서 불을 붙여 빨아들이는데, 맛은 쓰고 맵다. 가래를 치료하고 소화를 시킨다고 하는데, 오래 피우면 가끔 간의 기운을 손상시켜 눈을 어둡게 한다.
담배는 병진(1616) 정사(1617)년부터 바다를 건너 들어왔다. 피우는 사람이 있긴 해도 많지 않았는데, 신유(1621) 임술(1622)년부터는 피우지 않는 사람이 없었다. 그리하여 손님을 대할 때 차와 술을 담배로 대신하기 때문에 연다(煙茶)라고도 하고 또는 연주(煙酒)라고도 했다. 심지어는 종자를 받아서 서로 교역까지 했다. 담배를 오래 피운 사람이 백해무익한 것을 알고 끊으려고 해도 끝내 끊지 못하니, 세상에서 요망한 풀이라고 일컬었다. 담배가 심양으로 들어가자 심양 사람들 또한 아주 좋아했는데, 청나라에서는 토산물이 아니라서 재물을 소모시킨다고 해 명령을 내려 엄금했다고 한다.

담배가 원산지 남아메리카에서 유럽으로 건너간 지 60년 만에 일본을 거쳐 조선으로 전해졌으며, 들어온 지 5년 만에 대중적으로 확산되었다니 실로 놀라운 위력이 아닐 수 없다. 4백 년 전의 국제 교통 수준을 감안할 때 역사이래 이처럼 빠른 속도로 전파된 물품도 아마 없을 것이다.

광해군 15년(1623) 2월 15일 동래 왜관에서 화재가 발생해 집 80칸을 모두 태웠는데 이를 기록한 「광해군일기」에서 "왜인들이 담배를 즐겨 피우므로 떨어진 담뱃불로 불이 난 듯하다"고 말하고 있다. 이처럼 담배가 일본에서 조선으로 상륙하는 데는 별다른 장애가 없었다.

그러나 담배가 조선을 거쳐 중국으로 들어가는 데는 많은 난관이 있었다. 인조 17년(1640) 3월 22일에는 중국에 사신으로 간 윤휘가 담배를 몰래 숨겨 갖고 들어가다가 적발되어 파직되는 사건이 일어났다. 또 중국에서 담배 들여오는 것을 엄금하자 '이익을 탐해 목숨을 걸고 온갖 방법으로 숨겨 가지고 가서 나라를 욕되게 하는 사람'이 늘어났다. 그리하여 1641년에는 담배를 밀반출하는 사람은 1근 이상일 때는 참수하고, 1근 미만일 때는 의주에 가두고, 경중에 따라 죄를 주는 율법이 시행되기에 이르렀다.

그러나 괴력의 담배 앞에 난공불락이란 있을 수 없다. 1636년 병자호란을 일으켜 조선을 침략한 청나라 군사들은 조선에 와서 담배를 배웠다. 처음에는 군영에서 담배를 금지시켰으나 나중에는 철회할 수밖에 없었다. 그러나 중국에선 여전히 담배를 금지했기 때문에 중국으로 가는 길목인 조선의 북서 지역에선 곡물 농사 대신 담배 농사를 짓는 면적이 차츰 늘어갔다. 중국에 담배를 가르치고 난 뒤 담배를 팔아먹는 셈이었다.

조선 안에서도 담배로 생기는 문제가 차츰 심각해졌다. 기름진 토지마다 이익이 높은 담배를 심는 따위의 폐단이 커져 갔고, 어른 아이 할 것 없이 이 신기한 기호품에 흠뻑 빠져들었다. 숙종 3년(1677) 12월 4일에는 이조판서 민점의 사위에게 담배 한 짐을 주고 감찰(사헌부 정6품 벼슬)에 임명되었다가 그 사실이 드러나 파면되는 사건도 있었다.

조선에 담배가 전해져 급속히 퍼진 17세기 초반은 임진왜란과 병자호란이라는 두 차례의 전쟁으로 사회가 아주 혼란할 때였다. 조정이 붕당의 이권 다툼 장소로 변하고 관직 매매가 성행했으며, 조세 포탈이 극심하고 살인죄를 저질러도 세도가 있으면 처벌받지 않는 따위로 혼란 그 자체였다. 인조 6년(1629) 8월 19일의 「인조실록」에 실린 선비 이오의 상소문은 이렇게 말하고 있다.

적(청나라 군대)이 물러간 뒤 6년 동안 위나 아래나 안일하게

만 보내고 직위가 높고 낮음을 가릴 것 없이 관원들이 그저 유유자적하며 세월이나 보내는 형편입니다. 신하들이 모여도 우스갯소리나 하며 담배만 피울 뿐이고, 진영에 있는 장수들도 기생이나 끼고 술타령을 할 따름입니다. 혹시라도 저 오랑캐들이 마음을 고쳐먹지 않고 다시 우리나라에 군사 행동을 해 온다면, 무슨 병력으로 지킬 것이며 어떤 계책으로 방어할 것입니까. 통탄할 일입니다.

지금 백성의 원망은 극에 이르렀습니다. 호패법 시행이 거론된 뒤로부터 지금까지 못살게 구니 백성이 고달프고, 탐관오리가 백성에게 뜯어가는 것만을 일삼으니 백성이 고달프고, 공안(공물 내역을 적은 장부)이 정당하지 않아 조세를 무겁게 매기니 백성이 병이 들고, 내사(內司)에서 함부로 걷어들이는 폐단이 날로 심해져 백성이 병들고 있습니다. 그런데도 권세 있는 사람들의 침탈은 옛날과 다름없고 여러 궁에서 끼치는 폐는 전보다도 배나 심하니, 오늘날 백성들의 원망이 어찌 많지 않겠습니까.

과거 전매청의 발표에 따르면, 전두환 정권의 말기 사회적 혼란이 극심했던 1987년의 국내 담배 소비량은 평년을 훨씬 웃도는 수치를 기록했다. 사회적 스트레스와 담배 소비량이 정비례하는 것이다. 이오의 상소문이 말해주고 있는 것처럼 17세기 초반의 조선은 민초들의 고통과 울분이 넘쳐나던 시기였으며, 바로 이 무렵 담배가 조선에 상륙했던 것이다.

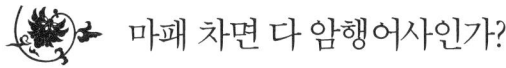 마패 차면 다 암행어사인가?

영화든 만화든 "암행어사 출두요" 하는 소리와 함께 제시되는 것이 바로 마패다. 그래서 마패는 암행어사의 신분증처럼 알려져 있기도 하다. 그러나 암행어사의 신분을 증명하는 증서는 따로 있었다. 한편 마패란, 말 그대로 전국의 각 역참에서 말을 빌려 탈 수 있는 이용권이었다. 그래서 이 마패에는 한 마리에서 열 마리까지, 빌려 탈 수 있는 말의 수만큼 말이 새겨져 있었다. 마패는 조선 초기부터 사용되었다. 처음엔 나무로 만든 목패였으나 잘 상하고 쪼개진다는 병조의 건의로 세종 17년(1435) 10월 28일부터 새로 주조한 철패를 사용하게 했다.

마패는 지방에서는 각 도의 관찰사·정제사·수군·처치사·개성 유후사 들이 지급받았으며, 서울에선 공적인 일로 마패를 쓸 일이 있을 때 그때마다 승정원에서 지급받았다. 암행어사는 왕에게서 직접 지급받았다. 영조 6년(1730) 6월 13일의 「영조실록」에 따르면 지방 각도에 있는 마패가 모두 160여 개요, 서울에 있는 것이 510여 개였다.

마패는 요즘으로 치면 공무원의 철도 무임승차권에 해당하는 것이겠으나 교통이 불편하고 말이 귀했던 시절인지라 관리라 할지라도 아무나 사용할 수는 없었다. 영조 11년(1735) 3월 25일

단천 부사 조태상이 역관 정도원에게 뇌물을 주고 몰래 공모해 마패를 도둑질해 역마를 타고 가다가 들켜 파면당한 일은 이러한 사정을 말해 준다.

한편 말을 쓸 수 있는 마패와 달리 병사를 쓸 수 있는 표지가 있었는데 이를 일컬어 발병 호부라 했다. 이 발병 호부 제도는 태조 이성계가 제정한 것으로 태종 때부터 시행되었다. 발병 호부는 나무로 만들었는데 마패보다 조금 크고, 가운데에 호랑이를 새겼으며, 좌우에 음 양 두 글자를 새기고 육갑으로 표를 했다. 이를 쪼개 양 부분은 왕의 명령을 받드는 의정원에 두고, 음 부분은 각도 관찰사 절제사에게 보냈다. 만일 군사를 보낼 일이 있으면, 양 부분을 보내 음 부분과 합한 뒤에 군사를 충당해 줬던 것이다.

살인에도 정상 참작이 있었다

　김구 선생을 아는 사람보다 그를 암살한 안두희를 아는 사람은 더 적을 것이다. 그리고 안두희를 아는 사람 가운데서도 암살범 안두희를 죽인 박기서를 아는 사람은 더욱 적을 것이다. 1996년 10월 24일 박기서라는 40대 남자가 '정의봉(正義棒)'이라 이름 붙인 막대기를 휘둘러 병석의 안두희를 숨지게 한 사건이 일어났다. 살인은 잘못되었으나 그 동기는 충분히 공감한다는 여론이 높았다. 아무리 올바른 취지라도 불법적인 수단을 써서는 안 된다는 지적도 있었다. 하늘의 법으로는 무죄이나 인간의 법으로는 유죄라는 것이다.
　배경과 동기는 다르지만 하늘의 법과 인간의 법이 상충하는 사건이 정조 14년(1790)에 일어났다. 전라도 강진에 은애라는 여인이 살았는데 최정련이라는 사내가 은애와 자기가 간통했다는 거짓 소문을 퍼뜨렸다. 또한 안조이라는 여인을 중매쟁이로 내세워 은애에게 청혼을 했다. 은애가 이를 허락하지 않고 다른 사람에게 시집을 가자 최정련은 안조이와 함께 추잡한 말로 더욱 심하게 무고했다. 그러자 분을 참지 못한 은애가 밤중에 칼을 들고 안조이의 집에 남몰래 들어가 그 목을 찌르고 난 뒤 난자했다. 이어 최정련의 집으로 가려 했으나 그녀의 어머니가 말리는 바람에 그만둔 것이다. 은애는 관청으로 달려가 사실대로 말하고는 관청에서 최정련을 때려 죽여 달라고 하소연했다.

같은 해 8월 10일 관찰사 윤시동이 이 사실을 조정에 보고하자 형조에서는 "은애가 이미 사실을 자백했으니 목숨을 걸고 원한을 풀었다 해 참작해 그 죄를 낮출 수는 없다"는 의견을 취했다. 좌의정 채제공도 원칙론을 고수했다.

> 은애가 설사 더없는 원한이 있더라도 이장에게 고발하거나 관청에 호소해 안조이의 무고죄를 다스리게 할 수 있었습니다. 그런데 무엇이 안 된다고 제 손으로 칼질을 한단 말입니까. 남을 무고한 말이 아무리 원통하고 분하다 해도 그 율문이 사형에는 이르지 않으며, 원한을 보복한 일이 아무리 큰 원한에서 나왔더라도 그 죄가 살인에 적용된 이상 신은 감히 참작해 용서하자는 의견을 드릴 수 없습니다.

그러나 왕은 법보다는 윤리를, 원칙보다는 명분을 좀 더 강조했다. 그리하여 은애의 처지에서 이 사건을 평가했다.

> 세상에서 살을 에고 뼈에 사무치는 원한 가운데 정조를 지키는 여자가 음란하다는 무고를 당하는 것보다 더한 일은 없다. 그러므로 원통함이 크고 분함이 사무칠 때 구렁텅이에서 스스로 목매 죽음으로써 자신의 진실을 드러내는 사람이 이따금 있었다. 은애란 사람은 18살을 넘지 않은 여자다. 원통함과 울분

이 복받치다 못 해 한 번 죽는 것으로 결판을 내려고 한 것이다. 그러나 그저 죽기만 해서는 헛된 용맹이 될 뿐 알아주는 사람이 없을 것이 염려되었을 것이다. 그러므로 식칼을 들고 원수의 집으로 달려가 통쾌하게 말하고 통쾌하게 꾸짖은 다음 마침내 대낮에 추잡하다고 생각되는 한 여자를 찔러 죽인 것이다. 그럼으로써 마을 사람들이 자신에게는 허물이 없으며 원수는 갚아야 한다는 것을 환히 알게 했으며, 평범한 부녀자가 살인죄를 저지르고 도리어 이리저리 변명해 요행으로 한 가닥 목숨을 부지하길 애걸하는 경우를 본받지 않았다. 이는 실로 피 끓는 남자라도 결단하기 어려운 일이다. 또한 생각과 도량이 좁은 연약한 여자가 그 억울함을 숨기고 구렁텅이에서 스스로 목매 죽는 것에 비교할 것이 아니다.

 몇십 년 전에 해서 지방에 이와 같은 사건이 있었는데, 감사가 용서해주기를 청하므로 조정에서도 이를 칭찬해 알리고 곧바로 놓아주었다. 그 여자가 출옥하자 중매쟁이가 구름처럼 모여들어 천금을 내놓고 그 여자를 데려가려 했고, 결국 양반집 며느리가 되었다. 이 일은 지금까지 미담으로 전해지고 있다. 지금 은애는 이 일을 이미 시집간 뒤에 결단했으니 더욱 뛰어난 소행이 아니겠는가. 은애를 특별히 석방하라. 이 사건의 줄거리와 판결한 내용을 복사해 도내에 반포해 모르는 사람이 없게 하라. 사람으로서 윤리와 절개가 없는 자는 짐승과 다름이 없다. 그러므로 이 일이 풍속과 교화에 도움이 되지 않을 수 없을 것이다.

특별 석방을 명령하는 왕의 논리와 명분이 약간 치우친 감도 없지는 않다. 그러나 법조문에 얽매어 경직된 생각으로 세상을 재단하는 편협함을 벗어났다는 점에서 긍정적인 면 또한 적지 않다. 물론 왕도 현실적인 고려를 전혀 하지 않은 것은 아니다. 왕은 은애의 2차 복수전이 염려되었던지 형조에게 다시 명령을 내린다.

지난번 호남 지방의 죄수 가운데 은애는 그 일처리와 기백이 뛰어났기 때문에 특별히 풀어 주라는 하명이 있었다. 그런데 그처럼 강하고 사나운 성질로 그와 같이 분풀이를 했으니, 처음에 손을 대려다가 뜻을 이루지 못한 최정련에게 다시 은애의 독수에 걸려들 우려가 어떻게 없다고 하겠는가. 그렇게 된다면 은애를 살리려다가 도리어 최정련을 죽이는 것이니, 사람의 목숨을 소중히 여기는 뜻이 어디에 있겠는가. 이는 사실 괜한 생각일 수도 있다. 그러나 사람의 목숨에 대한 것이니 해당 부서로 하여금 사실을 낱낱이 들어 밝혀 해당 도에 공문을 띄워 지방관을 단단히 타일러 은애가 다시는 최정련에게 손을 대지 못하도록 할 것을 다짐받아 감영에 보고하도록 하라.

조선의 법정은 재발 방지책까지 강구하면서도 윤리와 양심의 편에 서서 무죄를 선고했다. 백범 김구 선생을 암살해 전 민족의 분노를 자아내고 민족사의 앞길에도 적지 않은 폐해를 가져온 암살범 안두희를 처단한 박기서 씨. 그의 재판에서 한국의 법정은 어느 편에 설 것인가?(그후 그는 1997년 11월 13일 대법원에서 징역 3년형이 확정돼 청주 교도소에서 복역하다가 김대중 정부 출범 특별 사면 복권 조치에 따라 98년 3월 13일 석방되었다. 그는 96년 범행 당시 평범한 버스 운전기사로 일하다가 민족정기구현 회장 권중희 씨의 『역사 심판에는 시효가 없다』는 저서를 읽은 뒤 "역사를 바로 잡기 위해 안씨를 처단했다"고 밝혔었다).

 조선에는 왜 역마차가 없었을까?

1961년 강대진이 감독하고 김승호가 주연한 「마부」라는 영화가 베를린 영화제에서 상을 받아 한국 영화 예술의 수준을 세계에 널리 알렸다. 「마부」는 서울역에서 마차로 짐을 실어 나르며 생활하는 가난한 홀아비의 삶을 감동적으로 그린 영화로, 한국 영화사에 빛나는 작품이었다. 승용차 한 대를 주차하는 데도 애먹는 지금으로선 상상하기조차 힘들지만 서울역 앞의 마부와 마차는 1970년대 초까지도 명맥이 유지되었다.

그러나 조선 시대에 이 마차는 아주 신기하고 드문 것이었다. 짐을 나르는 마차만이 아니다. 서부 영화에 잘 나오는, 사람을 실어 나르는 역마차, 영화 「벤허」에 나오는 전투용 마차는 조선에는 없는 물건이었다. 요즘으로 치면 자가용 승용차 시외 버스 미니 밴 트럭 군용 지프처럼 다용도로 제작해 쓸 수 있는 마차가 왜 조선 시대엔 없었는가? 말이 부족해서인가 길이 좁아서인가? 정조 16년(1792) 7월 18일, 중국을 다녀온 대사헌(오늘의 검찰 총장) 홍양호는 마차의 사용을 강력히 건의하는 상소를 올렸다.

홍양호는 상소문에서 자신이 직접 본 중국의 예를 들어 마차의 효율성과 경제성을 강조했다. 중국에서는 비천한 노예나 가난한 아이들이 아니면 대개 마차를 타고 다닐 만큼 마차가 대중화했으며 도시는 물론 먼 변방까지도 마차의 운행이 활발하다는 것이다. 북서 지역 사천성의 험한 길과 남쪽 광동성의 먼 길을 큰 상인들이 제 문 앞 드나들 듯 하는 것은, 단지 길이 잘 뚫리고 상품이 많아서가 아니라 말을 사용하는 것보다 말이 끄는 수레, 곧 마차를 사용하는 것이 몇십, 몇백 배 더 편리하기 때문이라는 것이다.

결국 '수레는 먹이지 않아도 되는 말이자 길을 다니는 집'과 같다는 것이다. 그러므로 백성들이 널리 사용하고 온 나라에서 편리하게 쓸 수 있는 기구가 이보다 더 한 것은 없는데 오직 우리 조선에서는 수레를 사용하지 못하고 있음은 무슨 까닭인가 묻고 있다.

사람들이 늘 하는 말이 대략 두 가지가 있는데, 하나는 도로가 험악하다는 것이고 하나는 소와 말의 수가 적다는 것입니다. 신이 하나하나 검토하겠습니다. 무릇 하늘 아래 험악한 길은 촉나라의 길보다 더한 것이 없는데도, 사마상여가 붉은 사두마차로 일찍이 성도를 지나갔고, 또한 제갈양은 목우유마로 검각의 절벽 사이 다리를 통행하기도 했습니다. 바로 신이 지나가 본 바를 가지고 말하건대, 청석령과 마천령의 험준함은 자못 우리나라의 동선령보다도 더했지만, 수레가 거리낌 없이 다녔으니, 이 하나만 들어도 다른 것을 추측할 수 있습니다. 그렇다면 도로가 험악한 것은 근심할 일이 아닙니다.

또한 두 번째 이유는, 우리나라에서 소와 말의 수가 적은 까닭은 번식이 잘 안 되서가 아니라 사육하는 방법이 제대로 되지 못하고 소와 말의 성질대로 부리시 못하기 때문이라는 것이다. 제주도에서 나는 말은 본래부터 좋은 종자이고, 북쪽의 말도 이에 못지 않으며, 기를 데도 여기저기 많이 있지 않느냐는 것이다.

우리나라에서는 소와 말이 모두 등에 짐을 지게 되는데, 소는 그래도 괜찮지만 말은 그러기 어렵습니다. 이 때문에 강가에서 쌀을 실어 나르는 말은 대부분 반년에 한 번씩 바꾸어야 합니다. 성안에서 땔나무를 운반하는 말은 겨울이 지나고 나면 힘이 다되어 버려 대체로 죽지 않으면 앉은뱅이가 되기 때문에 도살하게 됩니다. 이것이 어찌 말의 죄이겠습니까?

홍양호에 따르면 그 무렵 조선에서도 수레를 사용하는 데가 있긴 있다는 것이다. 영남 지방의 안동과 의성, 해서 지방의 장연과 신천, 관북 지방의 함흥 남쪽 육진의 여러 고을들이 모두 한두 마리의 우차를 사용했다고 한다. 곡식을 운반하고 석탄을 실어 나르느라 몇 백 리 사이를 오고 갔는데, 둔하고 거칠게 만들어 멀리 가진 못했다는 것이다. 그래서 그는 군대와 몇 개 도의 장인들을 중국에 보내 수레 만드는 법을 배워 와서 시범으로 만들면 몇 해 지나지 않아 온 나라에 퍼질 것이라고 제안했다. 1년 동안 쓸 수레를 만드는 비용이면 2~3년 동안 말을 쓰는 비용과 같으니 경제면에서도 이익이고 국방력 강화에도 기여한다는 것이다. 단지 도로를 닦는 행정적인 일에 비용이 적잖이 들겠지만, 길을 닦는 일은 나라가 해야 할 일이며 오직 수레가 다니기 위한 것만이 아니라는 것이다.

마지막으로 홍양호는 더욱 근본적인 문제를 제기한다.

> 제 생각에는, 불가능해서가 아니라 곧 하려고 하지 않는 것이고, 하지 않는 것이 아니라 대개는 일찍이 시행할 방법을 찾지 않는 것이라 여깁니다. 어찌 이것뿐이겠습니까? 군자들은 보통 하던 대로하는 것만 편안히 여겨 융통성 있게 풀어 가려 하지 않으며, 일반인들은 희귀하고 특이한 일은 하려 하지 않습니다. 때문에 나라에서 법을 만들어 금지하지 않는데도 끝내 한 사람도 처음으로 시작하고 실행하는 일이 없습니다. 비록 더러 떨쳐 일어나 뜻을 가졌다 하더라도 진실로 조정에서 명령하지 않는다면, 힘이 미치지 못한 데가 있어 실행하기에 어려움이 있는 법입니다.

홍양호의 지적은 실험과 도전, 모험과 창조력이 부족한 조선 시대의 경향을 날카롭게 지적하고 있다. 그리고 그의 지적은 우리나라의 근대화와 산업화가 늦었던 이유 중의 하나를 설명하는 데도 적용될 수 있다.

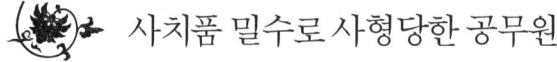 사치품 밀수로 사형당한 공무원

영조 22년(1746) 이명직이라는 관리가 중국에서 돌아오는 길에 무늬 있는 비단을 사 가지고 왔다. 소문을 들은 평안 도사(종 5품, 도지사를 돕는 직책) 임집이 이명직의 집을 수색해 비단을 압수해 불태웠다. 그리고 이명직을 옥에 가두고 자초지종을 보고했다. 이 일은 곧 '사건'이 되어 조정에서 논란을 불러 일으켰다.

12월 15일 사건을 보고 받은 왕은 신하들의 의견을 물었다. 먼저 영의정 조현명은 말했다.

금지된 물품을 몰래 사올 경우 법률에서는 목을 베어 내걸게 했으므로 정해진 법률이 없다고 할 수는 없습니다. 이번에 제정한 이 금지령은 성덕을 빛낼 제도로서, 다만 나라 안에서 시행해 굳어진 풍속을 만회할 기회일 뿐만 아니라, 이미 온 세상에 알려져 있는 제도입니다. 대개 무늬 있는 비단은 연경에서 나는 것이 아니고 소주 항주에서 짜다가 우리에게 파는 것입니다. 연경의 상인 정세태는 새로운 금지령이 내려졌다는 소문을 듣고서 깜짝 놀라며 당장 강남에 연락해 직조를 중지시키고 우리 사람들에게 "당신네 국왕으로서는 진실로 성덕의 일이지만 우리들은 이제 살 길이 없습니다"라고 말했다 합니다. 좋은 소문의 영향은 멀리 미치는 것이 아니겠습니까? 지금 이명직을 죽이지 않는다면 진실로 법령이 흐트러져서 먼 곳 사람들의 웃음을 사지 않을까 두렵습니다.

병조판서 원경하는 즉각적인 사형 결정에 반대했다.

사람의 목숨은 아주 소중하므로, 사형을 말할 때는 급하게 결정하는 것은 옳지 못하며, 법률을 억지로 끌어대는 것도 옳지 못합니다. 처음부터 정해진 법률이 없는데도 서둘러 죽인다면 이는 백성을 속이는 것이요, 그의 범행이 아무리 공무가 아니라 하더라도 죽을죄는 아닙니다. 지금부터 법조문을 분명히 세우고 나서 시행하는 것이 옳습니다.

다른 여러 신하들도 병조판서의 말에 동의했다. 사형에 처해야 할 죄이긴 하지만, 무늬 있는 비단을 들여오면 사형에 처한다는 것을 먼저 분명히 해야 한다는 의견이었다. 왕도 이 의견을 받아들였다. 결국 이명직은 서울로 압송해 조사한 뒤 처벌하기로 했다. 그리고 평안 도사 임집은 마땅히 사형을 요청해야 하는데도 그냥 옥에 가두기만 했다는 죄로 파면되었다. 보고서에 연대 서명한 의주 부윤 권일형과 그의 상관인 평안감사 이기진도 직무를 유기한만큼 조사를 받도록 했다.

그런데 한 가지 문제가 남아 있었다. 호조판서 김시형은 무늬 있는 비단을 들여오는 것을 금지하는 법령 자체에 조금 문제가 있다는 지적을 했다. 말하자면 이제까지 일본의 사절단이 오면 무늬 있는 비단을 하사했고 그런 약조도 있다는 것이다. 곧 일본에서 통신사가 올텐데 왜인은 성미가 편협해 더 좋은 비단을 주어도 약조를 구실 삼아 말썽을 부릴 수 있다는 것이다. 영의정 조현명도 이것은 외교 문제이니 일본에 줄, 무늬 있는 비단을 구입하자고 나섰다. 그러나 왕은 단호하게 말한다.

처음에 무늬 있는 비단을 들여오는 것을 금지한 것은 말하건대 사치를 싫어했기 때문이다. 그런데 기이하고 아름다운 물건이라고 해서 멀리서 사다가 이웃 나라의 사치를 돕는 것이 옳은가? 왜인의 상선이 남경을 오간다고 하니 어쩌면 우리의 금지령을 들었을 듯도 하고, 또 실제로 우리에게 없기 때문에 다른 물건으로 대신 주는 데는 우리도 할 말이 있다. 저들이 어찌 까다롭게만 나오겠는가? 지금 이것을 이유로 금지를 풀고 나서 이 사실을 역사책에 쓴다면, 나는 후세의 비판을 받을 뿐만 아니라 이웃 나라 사람의 웃음을 사지 않을까 두렵다.

수입 자유화의 물결 속에 2천만 원이 넘는 밍크코트가 백화점에서 날개 돋친 듯 팔리는 우리의 현실과 사뭇 대조된다. 외교 문제에서도 명분과 실질을 대범하게 고려하고 있는 것도 돋보이는 면이다. 무엇보다도 후세의 평가와 역사를 의식하면서 정치적 판단을 내리는 태도가 감동적이다.

화냥년에 얽힌 애절한 사연

　병자호란은 1637년 1월 30일 조선의 왕이 청나라 태종 앞에서 무릎을 꿇고 항복함으로써 끝났다. 그러나 더욱 치욕스런 일이 그 다음에 일어났다. 청나라 군사가 철수하면서 50여만 명의 조선 여자를 포로로 끌고 간 것이다. 청나라는 이들 여성 포로들을 나이와 신분에 따라 값을 매겨 이를 갚으면 돌려보내 주었다. 돈이 없어 돌아오지 못하는 경우도 많았거니와 값을 턱없이 높게 불러 생기는 비극도 있었다. 청나라 심양을 다녀온 좌의정 최명길의 말을 들어보자.

　제가 심양의 관사에 있을 때, 한 처녀를 값을 정하고 되찾으려고 했는데 청나라 사람이 뒤에 약속을 깨고 값을 더 요구했습니다. 그러자 그 처녀가 돌아갈 수 없음을 알고 칼로 자신의 목을 찔러 죽고 말았습니다. 이에 끝내는 그녀의 시체를 사 가지고 돌아왔습니다.

　비극은 여기서 끝나지 않았다. 값을 치르고 돌아오는 것을 속환이라 했고, 속환되어 돌아온 여자를 환향녀라 불렀는데 환향녀의 비극이 속편처럼 잇따랐다. 예조에서는 왕에게 이 문제에 대한 방침을 요청했다. 곧 '사로잡혀 갔다가 돌아온 양반의 부녀자가 한둘이 아니니 조정에서 반드시 충분히 참작해 명백하게 결정해야 피차 난처한 걱정이 없을 것'이라며 두 가지 예를 들었다. 인조 16년(1639) 3월 11일의 「인조실록」을 보자.

> 신풍 부원군 장유가 예조에 쪽지를 올리기를 "외아들 장선징이 있는데 강도에 그의 아내가 잡혀갔다가 속환되어 와 지금은 친정 부모집에 가 있다. 그대로 배필로 삼아 조상의 제사를 함께 받들 수 없으니, 이혼하고 새로 장가들도록 허락해 달라"고 했다. 전에 승지였던 한이겸은, 자기 딸이 사로잡혀 갔다가 속환되었는데 사위가 다시 장가를 들려고 한다는 이유로 그의 노복으로 하여금 꽹과리를 쳐서 임금에게 원통함을 호소하게 했다.

인조가 환향의 문제에 대한 의견을 구하자 좌의정 최명길이 나섰다.

> 제가 전에 심양에 갔을 때 양반 출신으로서 속환하기 위해 따라간 사람들이 아주 많았는데, 남편과 아내가 서로 만나자 부둥켜안고 통곡하기를 마치 저승에 있는 사람을 만난 듯이 해, 길가다 보는 사람들이 눈물을 흘리지 않는 이가 없었습니다. 부모나 남편으로 돈이 부족해 속환하지 못하는 사람들은 앞으로 차례로 가서 속환할 것입니다. 만약 이혼해도 된다는

명이 있으면 반드시 속환을 원하는 사람이 없게 될 것입니다. 이것은 수많은 부녀자들을 영원히 이역의 귀신이 되게 하는 것입니다. 한 사람은 소원을 이루고 백 집에서 원망을 품는다면 어찌 화기를 상하게 하기에 충분치 않다 하겠습니까. 신이 반복해서 생각해 보고 세상 형편이나 인심을 참작해 보아도 끝내 이혼하는 것이 옳은 줄을 모르겠습니다.

최명길은 계속 말한다.

제가 심양으로 갈 때에 들은 이야기인데, 청나라 병사들이 돌아갈 때 자색이 퍽 아름다운 한 처녀가 있어 청나라 사람들이 온갖 방법으로 달래고 협박했지만 끝내 들어주지 않았다고 합니다. 그러다가 사하보에 이르러 굶어 죽었는데, 청나라 사람들도 감탄해 묻어주고 떠났다고 했습니다. 이로써 미루어 본다면 전쟁의 급박한 상황에서 몸을 더럽혔다는 누명을 뒤집어쓰고도 밝히지 못하는 사람이 얼마나 많겠습니까. 사로잡혀 간 부녀들을 모두 몸을 더럽혔다고 말할 수 없는 것이 이와 같습니다.

인조는 최명길의 의견을 받아들여 그대로 시행하라고 했다. 그러나 이 날의 일을 기록한 사관은 「인조실록」에다 자신의 견해를 덧붙여 놓았다.

충신은 두 임금을 섬기지 않고 열녀는 두 남편을 섬기지 않는다. 이는 절개가 국가에 관계되고 우주의 동량이 되기 때문이다. 사로잡혀 갔던 부녀들은, 비록 그녀들의 본심은 아니었다고 하더라도 변을 만났어도 죽지 않았으니, 절의를 잃지 않았다고 할 수 있겠는가. 절개를 잃었으면 남편의 집과는 이미 의리가 끊어진 것이니, 억지로 다시 합하게 해서 사대부의 가풍을 더럽힐 수는 절대로 없다. 예로부터 이르기를 "절의를 잃은 사람과 짝이 되면 이는 자신도 절의를 잃는 것이다"고 했다. 절의를 잃은 부인을 다시 취해 부모를 섬기고 종사를 받들며 자손을 낳고 가세를 잇는다면, 어찌 이런 이치가 있겠는가. 아, 백 년 동안 내려온 나라의 풍속을 무너뜨리고, 오랑캐로 만든 자는 최명길이다. 통분함을 금할 수 있겠는가.

때리는 시어미보다 말리는 시누이가 더 밉다고 했던가. 조선의 여성들을 더욱 괴롭힌 것은 오랑캐보다도 이 사관의 생각과 같은 유교 문화의 관념이 아니었을까. 아마도 최명길 같은 사람보다는 사관과 같은 생각을 가진 사람들이 우세하게 많았던 모양이다. 왕의 명령과 지시가 내려졌는데도 이 뒤로 사대부 집 자제는 거의 다시 장가를 들고 다시 합하는 자가 없었다고 「인조실록」은 전한다.

환향녀라는 말은 세월을 거치면서 오늘날 화냥년이라는 말로 남았는데 국어 사전에는 화냥년을 일컬어 '남편 아닌 사내와 관계를 하는 계집'이라 쓰고 있다. 환향녀들이 억울한 삶을 마치고 죽은 지 몇 백 년이 지났으되, 이 여인들에 대한 비겁한 사대부들의 생각은 화냥년이라는 말 속에 오늘날까지 살아 있는 것이다.

왕의 건강 상태는 국가 기밀이다

옛 소련의 국가 원수였던 브레주네프가 독일을 방문했을 때 미국의 중앙 정보국(CIA) 공작원들은, 브레주네프가 묵은 호텔방의 바로 아래층 방을 몰래 빌렸다고 한다. 그것은 브레주네프의 화장실 변기에서 내려오는 '큰 것'을 채취하고 검사해 그의 건강 상태가 어떤지, 언제쯤 죽을 것인지 알기 위해서였다. CIA 보고서는 이 공작이 성공했다고 쓰고 있다.

한편 세종 23년(1441) 11월 20일 조정은 청나라에 간 조선 사신 고득종이 왕의 허락 없이 세종대왕의 병을 알리고 청나라의 황제로부터 약재를 얻었다는 사실로 소란스러웠다. 「세종실록」에 따르면 고득종은 청나라의 예부상서 호영에게 이와 같이 말했다.

> 우리 전하께서 요즈음 북쪽 오랑캐가 변경을 침략해 밤낮으로 근심하시기 때문에, 소갈병을 얻은 데다 또 안질이 계셔서 청나라 조정에 아뢰어 의약을 묻고자 하나, 다만 번거롭게 할까 두려워 감히 못할 뿐입니다.

고득종은 아마도 세종의 건강을 걱정하는 충성심에서 이같은 말을 했을지 모른다. 그러나 그는 외교관으로서 큰 잘못을 저지른 것이다. 세종대왕은 이때 고득종과 함께 있는 서장관 김담을 비롯해 이순지·김지·김한·김신 들을 의금부에 가두고 심문하도록 했으며, 아직 돌아오지 않은 고득종에게는 체포령을 내렸다. 국가 원수의 건강 상태는 때로 국가 기밀일 수 있는 것이다.

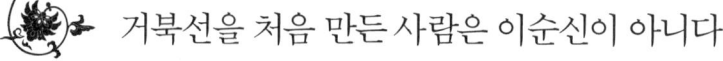 거북선을 처음 만든 사람은 이순신이 아니다

　누구나 거북선 하면 이순신 장군이요, 이순신 하면 거북선을 떠올린다. 과연 거북선은 이순신 장군이 처음 만들었을까? 정묘호란으로 조선이 청나라에 항복한 뒤 조심스레 군사를 정비하고 있던 1639년 7월 14일, 영의정 최명길은 인조에게 "경기 수사에게 거북선을 제조해 시험해 보게 하려는데, 이것은 이순신이 창제한 것입니다"라고 말한다. 그러나 거북선을 이순신 장군이 처음 만든 것은 아니었다.

　1412년 태종이 나중에 세종이 되는 왕세자와 함께 임진강을 건너다가 훈련 중인 거북선을 구경했다는 기록이 「태종실록」에 실려 있다. 또 1414년 7월 16일에는 좌대언 탁신이 태종에게 "거북선은 많은 적과 충돌해도 적이 해치지 못하니 과연 싸워 이기는 데 좋은 계책이라고 하겠습니다. 다시 견고하고 교묘하게 만들게 해 전쟁에서 이기는 데 도구를 갖추게 하소서"라고 제안하고 있다. 이처럼 조선 초부터 거북선이 활용되고 있는 점으로 미루어, 거북선의 역사는 최소한 고려 말 이전으로 거슬러 올라가야 한다.

　이순신 장군이 거북선을 발명하진 않았지만 거북선을 가장 잘 활용해 빛나는 전과를 올린 것은 부정할 수 없다. 왜선 43척을 대파하고 적을 전멸시킨 거제 앞바다의 전투는 임진왜란 초기의 첫 승리다. 또한 전투 중 왼쪽 어깨에 탄환을 맞은 이순신이 종일 전투를 독려하다가 전투가 끝나고서야 비로소 사람을 시켜 칼끝으로 탄환을 파내게 한 사실로도 유명하다. 이 싸움을 자세히 기록한 선조 25년(1592) 5월 1일의 「선조실록」은 거북선에 대해 이렇게 설명하고 있다.

거북선은 배 위에 판목을 깔아 거북 등처럼 만들고, 그 위에는 우리 군사가 겨우 통행할 수 있을 만큼 십자로 좁은 길을 내고 나머지는 모두 칼 송곳 같은 것을 줄지어 꽂았다. 그리고 앞은 용의 머리를 만들어 입은 대포 구멍으로 활용했으며, 뒤에는 거북의 꼬리를 만들어 꼬리 밑에 총 구멍을 설치했다. 양옆에도 총 구멍이 각각 여섯 개가 있으며, 군사는 모두 그 밑에 숨어 있도록 했다. 사방에서 포를 쏠 수 있게 했고 전후좌우로 이동하는 것이 나는 것처럼 빨랐다. 싸울 때에는 거적이나 풀로 덮어 송곳과 칼날이 드러나지 않게 했는데, 적이 뛰어오르면 송곳과 칼에 찔리게 되었고, 덮쳐 포위하면 화총을 일제히 쏘게 되었다. 그리하여 적선 속을 가로질러 가는데도 아군은 손상을 입지 않은 채 가는 곳마다 적선을 격파했으므로 언제나 승리했다.

이순신 장군이 전사한 뒤에도 거북선에 관한 기록은 가끔씩 등장한다. 그러나 그 수는 미미했으며 장갑선의 위용은 차츰 잃어가고 있었다. 거북선에 관한 마지막 기록은 1807년 1월 10일의 「순조실록」이다. 왕과 전 통제사 이당의 대화를 들어보자.

"거북선이 있는가, 없는가?"
이당이 대답했다.
"있습니다. 그 모양이 거북같이 생겼는데, 1천여 명을 수용할 수 있습니다. 그리고 노 없이 바다에 떠다니는 것이 마치 거북이 떠 있는 것 같습니다. 또한 입과 코에서 연기가 나오므로 지금도 표류해 온 왜인들이 이를 보면 서로 놀라서 말하기를, '이것은 사람을 사로잡는 기계다'라고 한다 합니다."

수군의 전체 병력이 1만 명이라고 보고하면서, 날쌔고 민첩하기로 이름난 거북선의 승선 인원을 1천 명으로 과장해 보고하고 있다. 한때 용맹을 자랑하던 거북선은 이미 전설 속의 전함이 되어갔던 것이다.

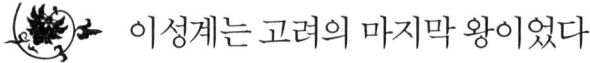 이성계는 고려의 마지막 왕이었다

1392년 7월 17일 왕위에 오른 이성계는 바로 다음 날인 7월 18일 명나라에 사신 조반을 보내 자신이 왕으로 추대되었음을 알린다. 명나라의 태조 주원장은 이를 승인하면서 "나라는 어떤 칭호를 쓸 것인가를 빨리 달려와서 보고하라"고 지시했다. 이에 이성계는 그 해 11월 29일 예문학 학사 한상질을 중국 남경으로 파견했다. 한상질이 가져간 이성계의 친서에는 이렇게 쓰여 있었다.

> 온 나라의 신민들이 저를 추대해 임시로 국사를 보게 했으므로 놀라고 두려워서 몸둘 곳이 없었습니다. 최근 황제께서 제가 국사를 맡는 것을 허가하시고 또 국호를 물으시니, 저는 온 백성과 함께 감격해 기쁨이 더욱 간절합니다. 가만히 생각하옵건대, 나라를 차지하고 국호를 세우는 것은 진실로 제가 감히 마음대로 할 수가 없는 일입니다. 조선과 화령이라는 칭호를 황제께 아뢰니, 삼가 황제께서 재가해주시기를 바라옵니다.

이듬해인 1393년 2월 15일 한상질은 명나라 황제의 칙서를 갖고 돌아왔다. 칙서에는 이렇게 적혀 있었다.

동쪽 오랑캐의 국호로는 조선이라는 칭호가 아름답다. 또한 이것이 전래된 지가 오래되었으니 그 명칭을 본받을 것이며, 하늘을 본받아 백성을 다스려서 대를 이어 자식을 영구히 번성하게 하라.

감격한 이성계는 한상질에게 논 50결을 하사하고 교지를 내렸다.

왕은 이르노라. 내가 덕이 적은 사람으로서 하늘의 아름다운 명령을 받아 나라를 처음 차지하게 되었다. 지금부터 고려라는 나라 이름을 없애고 조선이라는 국호를 쓰게 할 것이다. 이를 기념해 은전(恩典)을 내릴 것이니, 곧 오늘 이전의 죄는 이미 발각된 것이거나 발각되지 않은 것이거나, 또는 이미 결정된 것이거나 결정되지 않은 것이거나 모두 사면해 없애도록 하겠다.

엄격히 말한다면 이성계는 이날부터 조선의 왕이 된 셈이니, 곧 자신이 왕위에 오른 1392년 7월부터 이날까지 7개월 동안은 고려의 왕이었던 것이다. 조선 대신에 국호가 될 뻔한 화령은 이성계의 고향인 함경도 영흥 땅의 당시 지명이다. 명나라 황제가 국호를 정하는 형식을 밟다보니 복수 안을 올려야 했고 이런 사정으로 화령은 구색을 갖추기 위해 추천된 것이다. 조선이라는 이름을 추천한 사유에는 몇 가지 해석이 따른다. 그것이 단군 조선을 계승하는 뜻이라는 해석이 있는 한편, 중국 주나라의 제후국이었던 기자 조선을 상기시키는 의미였다는 해석 따위다. 분명한 것은 명나라 황제의 칙서에서 조선이라는 명칭을 '전래된 지 오래되었다'고 지적한 것이 바로 기자 조선을 가리킨다는 사실이다. 칙서를 받은 날의「태조실록」에도 다음과 같이 적혀 있다.

> 옛날 기자의 시대에도 이미 조선이란 칭호가 있었기 때문에, 이에 근거해 감히 천자께서 들어주시기를 청했는데, 칙서를 곧 내리시니 특별한 은혜가 더욱 치우쳤습니다.

왕위 계승을 인정받고 국호까지 추인 받은 이성계는 1395년 4월 4일 고려 공양왕의 인장을 반납하고 조선국의 인장을 하사받기 위해 명나라에 사신을 파견했다.

 "임꺽정은 무죄다!" ——「명종실록」

　임꺽정은 홍길동·장길산과 더불어 조선의 3대 도둑으로 일컬어진다. 그러나 홍길동과 장길산이 그러하듯이 임꺽정을 '남의 재물이나 빼앗는' 도둑으로 평가할 수는 없다. 임꺽정이 황해도를 근거지로 하면서 북으로는 평안도, 남으로는 경기도 일대까지 활동 범위를 넓히고 심지어 서울 한복판까지 진출할 수 있었던 것은, 그의 활동에 대한 지지와 동참의 범위가 그만큼 넓었다는 것을 반증하는 것이다.
　임꺽정 부대는 조선 시대의 다른 '큰도적'들처럼 용맹무쌍하고 신출귀몰하는 전술을 자랑했다. 조정의 명으로 자신들을 체포하러 내려오는 토포사(도둑을 잡는 관리)를 제거하는가 하면 관아를 습격하고 옥을 부수어 갇힌 동료들을 석방시키기도 했다. 왕권을 위협할 정도로 세력이 커지고 번창하자 조정에서도 임꺽정 부대를 진압하기 위한 끈질긴 노력을 벌였다. 1559년 3월 27일 명종은 영의정 상진·좌의정 안현·우의정 이준경·영중추부사 윤원형 들과 함께 도적을 잡을 방도를 논의했는데 한 사관은 이를 기록하면서 그 끝부분에 자신의 생각을 덧붙여 놓았다.「명종실록」을 보자.

도적이 성행하는 것은 수령의 가렴주구 탓이며, 수령의 가렴주구는 재상이 청렴하지 못한 탓이다. 지금 재상들의 탐오가 풍습을 이루어 한이 없기 때문에, 수령은 백성의 고혈을 짜내 권력층을 섬기고 돼지와 닭을 마구 잡는 등 못하는 짓이 없다. 그런데도 곤궁한 백성들은 하소연할 곳이 없으니, 도적이 되지 않으면 살아갈 길이 없는 형편이다. 그러므로 너도나도 스스로 죽음의 구덩이에 몸을 던져 요사스런 행동과 겁탈을 일삼으니, 이 어찌 백성의 본성이겠는가. 진실로 조정이 청명해 재물만을 좋아하는 마음이 없고, 수령 또한 이같은 사람을 가려 임명한다면, 칼을 잡은 도적은 송아지를 사서 농촌으로 돌아갈 것이다. 그렇게 하지 않고 군사를 거느리고 추적해 체포하려고만 한다면, 아마 체포하는 대로 또 뒤따라 일어나 앞으로는 다 붙잡지 못할 지경에 이를 것이다.

1562년 1월 쫓기던 임꺽정은 결국 배신자 서림의 밀고로 잡혔다.

사필귀정인가. 짐승처럼 쫓기다 붙잡혀 처형당한 임꺽정과 그의 도둑 무리들은, 3백 년 후 책과 영화와 텔레비전 드라마에서 정의를 위해 일어선 영웅으로 그려지고 많은 사람들에게 감동을 주고 있다. 임꺽정은 조선 왕조의 법정에서는 사형을 언도받고 처형되었지만, 오늘날의 역사는 그를 복권시키고 무죄를 선고한 것이다.

 내가 재수했다는 사실을 아무에게도 알리지
말라 —— 이순신

시대가 영웅을 낳는다는 말처럼 이순신 장군은 임진왜란이라는 난세가 만들어 낸 인물이다. 그리고 그는 죽어서 더욱 유명해진 인물 가운데 하나다. 그는 뭇사람들의 오해와 질시 속에 순탄치 않은 삶을 살아 왔으며 직업 군인답게 전쟁터에서 산화해 갔다. 나라에 대한 충성심과 군사 전략가로서의 지혜, 그리고 인간적 풍모와 됨됨이는 조선 중기 이후 많은 사람들에게 감명을 주면서 널리 알려졌다.

그에 비해 오늘날의 이순신은 대단히 신비화해 있다. 그는 어려서부터 신동이었고 용맹하기 이를 데 없었다. 장성해서는 완벽한 장군이요, 신하요, 효자였다. 그는 거의 신과 인간의 가운데쯤에 위치하는 인물로 선전되었다. 시골 초등학교에까지 그의 모습을 담은 조잡한 동상이 세워졌고, 어린이들은 이 '민족의 성웅' 동상 앞에서 경배하도록 교육받았다. 이것이 이순신 장군의 참모습일까? 박정희 대통령과 제3공화국이 정치적 필요에 따라 만든 '이순신 이야기'에 나오지 않는 사연을 『조선왕조실록』에서 만날 수 있다.

세속적인 기준으로 본다면 이순신의 관운은 그리 좋은 편이 아니었다. 그는 문반을 지낸 집안의 자손인데도 무인의 길로 나섰다. 28살인 1572년 무과에 응시했으나 낙방했고, 재수 끝에 4년 뒤에 실시된 무과에서 성적순으로 제3등급에 해당하는 병과에 합격해 관직에 나섰다. 선조 20년(1587) 10월 함경도 변방의 만호(종4품의 무관)로 있던 이순신은 오랑캐의 습격으로 장병 10여 명이 피살되고 106명의 인명과 15필의 말이 잡혀가자 지휘책임을 추궁당하고 옥에 갇히게 되었다. 병마절도사(오늘날의 군사령관)의 보고에 따라 비변사에서는 이순신을 서울로 잡아올릴 것을 청했다. 그러나 선조는 이렇게 지시했다.

전쟁에서 패배한 사람과는 차이가 있다. 병마절도사로 하여금 곤장형을 집행하게 한 다음 백의종군으로 공을 세우게 하라.

이순신은 재기에 성공했다. 그리하여 4년 뒤인 1591년에는 전라좌수사(정3품의 해군 지휘관)로 임명되었다. 그러나 이같은 파격적인 인사 발령에 대해 조정에선 시비가 일었다. 「선조실록」 1591년 2월 16일의 기록을 보자. 사간원은 왕에게 이렇게 말하고 있다.

전라좌수사 이순신은 현감(종6품의 지방 수령)으로서 아직 군수(종4품)도 역임하지 않았는데 좌수사로 임명하시니, 그것이 인재가 모자란 탓이긴 하지만 관작의 남용이 이보다 심할 수 없습니다. 취소하옵소서.

그러나 왕은 다음과 같이 말하며 취소하지 않았다.

이순신의 일이 그러한 것은 나도 안다. 다만 지금은 평상시의 규칙에 구애될 수 없다. 인재가 모자라 그렇게 하지 않을 수 없었다. 그 사람이면 충분히 감당할 터이니 관작의 고하를 따질 필요가 없다. 다시 논해 그의 마음을 동요시키지 말라.

이틀 뒤 사간원의 신하들은 다시 문제를 제기했다.

이순신은 경력이 아주 얕으므로 여론에 흡족할 수 없습니다. 아무리 인재가 부족하다고 하지만 어떻게 현령을 갑자기 수사로 승진시킬 수 있겠습니까. 요행의 문이 한 번 열리면 뒤의 폐단을 막기 어려우니 빨리 취소시키소서.

그러나 왕은 거듭 "이순신의 일에 대해서는, 개정하는 것이 옳다면 어찌 개정하지 않겠는가. 개정할 수 없다"고 했다. 단호한 태도를 취하며 이순신을 등용한 선조는 바로 1년 뒤 임진왜란이 일어나자 이순신의 덕을 톡톡히 본다. 이처럼 이순신은 결코 아무나 함부로 흉내 낼 수 없는 성웅은 아니었다. 반대로 누구나 본받을 수 있는, 실수와 실패를 극복하며 묵묵히 자신의 임무를 다하며 때를 기다린 사람이었다. 이것이 오히려 이순신의 진면목이 아닐까?

 독도를 찾아 헤맨 사람들

제2차 세계대전 직후 독도는 한때 극동 지역의 미공군 폭격기들의 사격 연습 표적물이었다. 독도가 갖고 있는 한일 양국 사이의 역사 지리적 의미를 알 까닭이 없던 미국인들에게, 그 섬은 단지 망망대해에 떠 있는 무인도에 지나지 않았던 것이다. 이때 해산물을 채취하기 위해 독도로 들어간 해녀들과 바람을 피해 정박하고 있던 어선의 어부를 비롯한 몇 십 명이 미 공군기의 폭격에 숨졌다. 지금도 독도 해안에는 당시 미 공군기에서 투하된 불발탄들이 여기저기 깔려 있다.

그로부터 20년 뒤에 독도는 또 한 번 '없어질 뻔' 했다. 한일 국교 정상화를 추진하기 위해 밀사로 파견된 한국의 한 정치인은 독도 문제가 한일협정 체결의 걸림돌이 되자 "아예 독도를 폭파시켜 없애는 것이 어떠냐"는 '기발한' 제안을 한 것이다. 그러나 아무도 독도를 없애진 못했다.

독도를 일본에선 다케시마(竹島)라고 부른다. 그러니까 독도 문제는 일본에선 죽도 문제인 셈이다. 17세기 말 조선과 일본 사이에 울릉도 영토 분쟁이 벌어지던 무렵, 일본은 울릉도를 죽도라 불렀다. 울릉도가 죽도로 일컬어진 것은 대나무가 많았기 때문이다. 지금도 울릉도 북동쪽 해안에서 겨우 10리 정도 떨어진 작은 섬을 울릉도 사람들은 죽도라 부른다. 일본 연안의 섬들을 제외한다면 동해 먼 바다의 섬은 울릉도와 독도뿐이다. 그리고 울릉도는 삼국 시대부터 한반도 사람들에게 알려져 있었다.

조선 초기 무렵에 동해에 울릉도말고 또 다른 섬이 있으며 이 섬을 본 사람도 있다는 소문이 나돌았다. 소문의 섬은 요도(蓼島 또는 蔘島)라 일컬어졌다. 이 소문은 세종대왕의 호기심을 자극했다. 세종 11년(1429) 12월 27일 왕은 이안경이란 신하를 강원도로 보내 요도를 방문하도록 했다. 이안경이 섬을 못 찾고 돌아오자 이듬해 1월 26일 함길도(지금의 함경도) 감사에게 이렇게 지시했다.

> 옛날에 요도에 가 본 적이 있는 사람이나, 이 섬의 상황을 전부터 보고 들은 사람을 모두 찾게 했다. 그러자 함흥부 포청사에 사는 김남련이란 사람이 일찍이 이 섬에 갔다가 돌아왔다고 한다. 그 사람에게 역마를 보내게 하라. 만약 그 사람이 늙고 병들었거든, 이 섬의 생김새와 주민들의 생활이 어려운지 넉넉한지, 의복·언어·음식 따위 사정은 어떠한지 자세히 물어서 아뢰어라.

다른 곳에서 새로운 정보를 입수했는지 3달 뒤인 4월 4일 왕은 함길도 감사에게 추가 지시를 내린다.

> 경성 무지곶과 홍원 보청사에 사람을 시켜 올라가 바라보게

하면 요도를 볼 수 있을 것이다. 그러니 그 수령관이나 또는 꼼꼼하고 눈이 밝은 수령에게 지금 가는 김남련과 함께 가서 요도의 지형과 뱃길의 험하고 편함을 살펴보고 아뢰어라. 만약 김남련과 함께 요도에 갔다가 돌아온 사람이나 해변에 살면서 바라본 이가 있거든 육지와 먼지 가까운지를 물어서 아뢰어라.

그리고 다음날 왕은 상호군(정3품 벼슬) 홍사석을 강원도에 보내 요도를 찾아보게 했다. 요도를 찾으려는 세종의 심정은 아주 조급했던 것 같다. 사흘 뒤인 4월 7일, 다시 왕은 신인손을 함길도에 보내 요도를 찾아보게 했다. 그러나 아직 아무런 성과가 없었다. 소문마다 위치도 제각각이었다. 7월 26일, 이번에는 강원도 감사에게 찾아보도록 지시했다.

무릉도(울릉도)는 본래 사람이 살던 곳이며, 옛날부터 왕래하던 땅이다. 그러나 요즘에 사람을 보내 큰 바다를 건너게 하고서는, 오히려 그 험난함 때문에 밤낮으로 걱정해왔다. 하물며 이 요도는 비록 어디에 있다고는 일컬어 왔지만 원래 오가는 사람이 없었으니, 내가 이미 노쇠한 나이에 감히 그 섬을 찾아보기를 바라겠는가. 다만 그 섬이 양양 동쪽에 있다고만 일컬어왔을 뿐이니, 어느 곳에 있다는 사실만은 반드시 알아야 하겠다. 경은 마땅히 이를 다시 탐문해 아뢰어라.

세종 23년(1441) 7월 14일 세종은 새 땅을 찾아 나섰던 한 무제와 당 태종의 예를 들어가며 함길도 관찰사와 절제사에게 간절한 지시를 내린다.

함길도에 새 땅이 있다는 일은 떠들썩하게 얘기된 지 이미 여러 해 되었고, 직접 말하는 이도 또한 한둘이 아니었으니, 까닭 없이 그러했겠는가. 생각하건대 그 섬은 실제 있는 것 같다. 그러나 사람을 보내 찾게 한 것도 한두 번이 아니었지만 아직도 찾지 못했다.

지난날 강원도의 무릉도를 찾으려고 할 때 모두 "어디에 있는지 알지 못한다"고 했는데, 뒤에 조민이 찾아내 상을 탔다. 조민의 일을 듣고서, 요도 또한 자기가 찾겠다고 희망하는 이가 이따금 있었다. 무릇 토지나 서적을 찾아내는 것은 아주 어려운 일이다. 따라서 반드시 성심을 다해 찾은 뒤에야 얻게 되는 것이 천하 고금의 일반적인 일이다. 그러므로 그것을 얻고 얻지 못하고는 구하는 데에 정성이 어떠한가에 달려 있다. 지금 새 땅의 일 또한 이와 같은 것이다. 만약 그 섬이 없다면 어찌 이같이 오래도록 전해질 것이며, 말하는 이가 어찌 이같이 많겠는가. 하물며 이 새 땅은 우리나라 땅 안에 있는 것이니 더욱 알아야 할 것이다. 성심을 다해 찾으면 반드시 이를 알 수 있을 것이다. 따라서 경은 함길도 안의 노인들과 이 일을 아는 각 사람들에게 상금을 걸어 묻기도 하고, 또는 설명해 묻기도 하는 따위로 여러 가지를 계획해 널리 탐문하고 찾아서 아뢰어라.

세종 27년(1445)에는 삼척 앞바다에서 그 섬을 보았다는 사람들이 나타났다. 신하들도 여러 방향으로 나서서 목격자를 찾았다. 8월 17일 왕은 다시 강원도 감사에게 지시하며 대가를 직접 약속하기까지 했다.

내가 이 섬을 찾는 까닭은 토지를 넓히자는 것이 아니고 또 그 백성을 얻어서 부리자는 것도 아니다. 의지할 데 없는 사람들이 바다 가운데에 모여 살아 창고와 식량의 준비가 없을 테니, 한번 흉년을 만나면 반드시 굶어 죽게 될 것이다. 그것을 누가 구제하겠는가. 강원도의 백성들이 바다 가운데에 깊이 들어가 고기 낚는 것으로 생업을 삼으니, 그 가운데 어찌 그 섬을 직접 본 사람이 없겠는가. 또 어느 곳에 있는지 자세히 아는 이가 어찌 없겠는가. 다만 개인적으로 갔다 온 죄를 두려워해 서로 숨기고 비밀로 하는 것이다. 그러나 어리석은 백성의 일에 국가에서 반드시 죄를 묻지는 않겠다. 만일 알리는 사람이 있어 이를 알게 되었다면 양민은 등급을 뛰어서 벼슬로 상을 줄 것이고, 관가의 천인은 일생동안 사역을 면제하고 무명 50필로 상을 줄 것이며, 개인 집의 천인은 무명 1백 필로 상을 줄 것이다. 또한 향리·역리 들은 사역을 면제할 것이며, 섬에 들어가 사는 사람은 향리로 돌려보낼 것이다. 마침내 큰 공이 있으면 양민은 3등급을 뛰어서 벼슬을 줄 것이고, 천인은 영원히 풀어주어 양민이 될 것이다. 또한 향리·역리 들은 대대로 사역을 면제하고 등급을 뛰어서 벼슬을 줄 것이고, 섬에 들어가 사는 자는 향리로 임명할 것이다. 그러니 이 뜻에 따라 경은 두루 알려라.

세종은 결국 요도를 찾지 못했다. 성종 4년(1473) 1월 9일의 「성종실록」에는 "무릉도(울릉도)의 북쪽에는 요도가 있는데 한 사람도 다녀온 사람이 없다"는 소문을 들은 왕이 이 섬을 찾아보도록 지시하는 기록만이 나온다.

그 뒤 요도를 찾으려는 왕은 없었다. 다만 소문만이 무성할 뿐이었다. 제주도의 남쪽 먼바다에 있다는 이어도처럼 요도는 실재하지 않는 전설의 섬인가? 동해안에서 갈 수 있는 섬은 울릉도와 독도뿐인데, 울릉도가 널리 알려진 반면 독도에 관한 별도의 언급은 찾아보기 힘들다. 이같은 사실이 바로 요도가 독도라는 것을 말해주는 것은 아닐까? 동해 연안에서 고기잡이하다가 표류해 울릉도나 심지어는 일본까지 떠내려가는 경우도 이따금 있었다. 그러므로 소문처럼 요도를 본 사람이 없지는 않았을 것이다. 다만 울릉도보다 더 멀고, 섬이 작으며, 배를 대기 힘들고, 물도 나오지 않아 오래 머물 수 없는 탓으로 울릉도만큼 알려지지 않았을 뿐이다.

04

청와대보다 높은 곳은 황와대

보통 기와보다 비싼 청기와는 누가 어떤 집을 지을 때 썼나?
한 수 더 떠 청기와보다도 고급인 황기와를 올린 사람은 누구인가?
청기와와 황기와에 얽힌 인간의 끝없는 욕망을 살펴보자.

세종대왕의 못 말리는 맏며느리

    가지 많은 나무에 바람 잘 날 없다는 말처럼 18남 2녀를 둔 세종대왕 역시 자식 문제, 며느리 문제로 고민이 많았다. 세종 11년 7월 20일 왕은 근정전에 나서서 며느리 문제를 꺼냈다.

    비록 침실 안의 말이라는 것은 대개 분명하지 않은 것이 많으나 만약 정상과 증거가 드러나서 숨길 수 없는 자가 있다면, 이것은 다 제 자신이 그렇게 만든 것이니 또 누구를 허물할 수 있겠는가. 역대 명가의 딸이라 해 김씨를 세자빈으로 삼았더니, 뜻밖에도 김씨가 미혹시키는 방법으로 술책을 쓴 단서가 발각되었다.

    세종이 17살에 얻은 첫아들이 문종인데 지금 세종이 말하고 있는 며느리는 문종의 첫 부인인 휘빈 김씨다. 왕의 말씀은 계속된다.

    내가 듣고 아주 놀라 즉시 궁인을 보내어 심문하게 했더니 김씨가 대답하기를, "시녀 호초가 나에게 가르쳤습니다" 하므로 곧 호초를 불러들여 친히 그 사유를 물었다. 그랬더니 호초가 이렇게 말했다. "작년 겨울에 세자빈께서 여자가 남자에게 사랑을 받는 술법을 묻기에 모른다고 대답했으나, 세자빈께서 강요하므로 제가 드디어 가르쳐 말하기를, '남자가 좋아하는 여자의 신발을 베어다가 불에 태워서 가루를 만들어 술에 타서 남자에게 마시게 하면 내가 사랑을 받게 되고, 저쪽 여자는 멀어져서 배척을 받는다 합니다. 효동·덕금 두 시녀의 신발을 가지고 시험해 보는 것이 좋겠습니다'고 했습니다."

효동과 덕금은 김씨가 시기하는 여자다. 김씨는 곧바로 그 두 여인의 신발을 가져다가 자기 손으로 베 내어 스스로 가지고 있었다. 이렇게 하기를 세 번이나 해 그 술법을 써 보고자 했으나 그러한 기회를 얻지 못했다고 한다. 호초는 또 이렇게 말했다.

그 뒤에 세자빈께서 다시 묻기를, "그밖에 또 무슨 술법이 있느냐"고 하기에 제가 또 가르쳐 말하기를, "두 뱀이 교접할 때 흘린 정기를 수건으로 닦아서 차고 있으면, 반드시 남자의 사랑을 받는다"고 했습니다. 제가 가르친 첫 번째 술법은 박신이 버린 첩 중가이에게 들었고, 두 번째 술책은 정효문의 기생 첩 하봉래에게 들었습니다.

세종이 심증을 굳힌 것은 세자빈 김씨의 가노였다가 궁중에 들어온 시녀 순덕의 증언 때문이었다. 어느 날 순덕이 김씨의 약주머니 속에 베어 넣은 가죽신의 껍질이 있는 것을 발견하고 괴

이하게 여겨 호초에게 보이며 "우리 세자빈께 이런 짓을 하라고 가르친 사람이 누구냐"고 물었다. 그리고는 순덕은 즉시 그것을 꺼내 감춰 버렸다. 세종이 이 말을 전해 듣고 즉시 순덕을 불러다가 거듭 물으니 순덕은 자기가 보관하고 있던 가죽신 조각을 내보였다.

이에 세종이 중전과 함께 김씨를 불러 직접 까닭을 물으니 김씨는 모든 것을 시인했다. 이제 자백과 증인과 증거물, 모든 것이 갖춰진 것이다. 세종은 말한다.

슬프다, 정말 이런 일이 있었구나. 아아, 세자를 정하고 그 배필을 간택한 것은 진실로 앞으로 종묘의 제사를 받들며, 다른 어머니의 모범이 되어 만세의 큰 복조를 연장하려고 한 것이다. 지금 김씨가 세자빈이 되어 아직 두어 해도 못 되었는데, 그 꾀하는 것이 감히 요망하고 사특함이 이미 이와 같기에 이르렀다. 그러니 그가 어찌 투기하는 마음 없이 삼가고 화합하는 덕을 드러내며, 닭이 세 차례 울어 새벽이 되었다고 알려 내조를 이룩하고, 종사의 길조를 불러들일 것을 바랄 수 있겠는가. 도리대로 마땅히 폐출시켜야 할 것이다. 내 어찌 그대로 둘 수 있겠는가.

세자빈 김씨가 요사스런 방법을 쓴 것도 문제였지만, 세자의 사랑을 독차지하려 한 마음씨마저 요망과 투기라는 유죄 판결을 받았던 것이다. 애절하다. 조선 시대 여인의 사랑이여!

김씨는 하루아침에 서민이 되어 궁궐 밖으로 쫓겨났고, 그의 아버지와 형제들의 관직도 몰수당했다. 그녀에게 사랑의 방법을 알려 준 호초 역시 처벌받았다.

코끼리 사육에 전국이 쩔쩔매다

　태종 11년(1411) 한 마리의 코끼리가 서울에 등장했다. 일본 국왕 미나모토노요시 타모쓰가 사신을 통해 보낸 것이다. 처음에 이 코끼리는 왕의 수레와 말을 관리하는 사복시(司僕寺)에서 맡아 길렀다.
　그런데 1년쯤 지난 어느 날 공조 전서(정3품) 이우가 기이한 짐승이 있다는 소문을 듣고 구경갔다가 그 꼴이 추하다고 비웃고 침을 뱉었는데 성난 코끼리가 발로 밟아 죽인 사건이 발생했다. 태종 13년(1413) 11월 5일 「태종실록」은 코끼리 재판을 다루고 있다. 병조판서 유정현은 이렇게 말하고 있다.

　　일본에서 바친 이 코끼리는 임금이 애완하는 물건도 아니요, 나라에 이익도 없습니다. 지금 두 사람이 코끼리 때문에 죽고 다쳤는데, 만약 법으로 따지자면 사람을 죽인 죄로 이 짐승을 죽여야 마땅합니다. 또 1년에 먹이는 콩이 거의 몇 백 섬에 이르니 주공(周公)이 코끼리와 코뿔소를 몰아내고 근검을 실천한 고사를 본받아 전라도의 섬에 두소서.

　왕은 이 말을 그대로 따랐다. 사람 죽인 코끼리는 결국 전라도 순천 앞바다의 장도로 귀양갔다. 그러나 풀밖에 먹일 수 없는 섬은 코끼리를 기르기에 적당한 곳이 아니었다. 코끼리를 불쌍히 여긴 태종은 뭍으로 내보내 기르도록 명령했다. 그러나 육지 또한 코끼리가 살기에 알맞은 환경이 못 됐다.

세종 2년(1420) 12월 28일 전라도 관찰사는 코끼리의 순번제 사육을 제안하는 보고서를 올린다. 당시의 상왕 태종은 이 제안을 그대로 따랐다고 한다. 다시 「세종실록」을 보자.

> 코끼리란 것이 쓸데에 유익한 점이 없거늘, 지금 도내 네 곳의 변방 지방관에게 명해 돌려 가면서 먹여 기르라 했으나, 폐해가 적지 않고 도내 백성들만 괴로움을 받고 있습니다. 청컨대 충청·경상도까지 아울러 명해 돌아가면서 기르도록 하게 하소서.

이 코끼리의 말로가 어떠했는지 기록에는 남아 있지 않다. 그러나 전라도 관찰사의 제안은 받아들여져 코끼리는 곧 충청도로 보내졌다. 1년 뒤 충청도 관찰사는 엄청나게 먹어대는 코끼리의 먹이를 대기 힘들 뿐 아니라 코끼리를 돌보는 노비마저 밟혀 죽었다면서 코끼리를 다시 섬으로 보내게 해 줄 것을 요청했다.

코끼리 한 마리를 사육하는 데 온 나라가 쩔쩔매는 모습이다. 이 속에서 당시의 피폐한 경제 상황을 읽을 수 있다. 오늘날 먹이를 줄 수 없어 코끼리를 못 기르는 나라는 거의 없다. 그 대신 우리의 애완견 먹이보다 못한 식사를 하며 굶주리고 있는 사람들이 전 세계에 1억 명이 넘는 세상이다.

임진왜란은 조선과 일본이 짜고 일으켰다?

임진왜란은 본래 중국 명나라와 일본의 관계 악화로 일어난 것이었다. 명나라가 조공을 바치겠다는 일본의 청을 거절하자 일본은 명나라를 치기 위해 길을 내어 달라고 조선에게 요구하면서 침략을 감행한 것이다.

그러나 이 전쟁이 예고 없이 일어나자 "조선과 일본이 서로 짜고 조선이 침략당했다는 거짓말을 하고 있다"는 유언비어가 성행했다. 곧 "조선의 국왕과 용맹한 병사들은 명나라를 치기 위해 북쪽 국경에 가 있고 다른 사람을 가짜 왕으로 내세워 침략당했으니 도와달라고 하는데, 실은 조선이 일본을 위한 향도(嚮導)가 된 것"이라는 내용이었다. 이 유언비어는 중국에까지 들어갔다. 선조 25년(1592) 5월 29일의 「선조실록」은 이 유언비어의 사실 여부를 조사하러 중국 사신이 파견된 일을 이렇게 설명한다.

> (이 유언비어에 대해) 중국 조정에서는 반신반의하다가 병부상서 석성이 몰래 요동에 명을 내려 최세신과 임세록을 파견시켰다. 그들은 명분상으로는 왜적의 실정을 살핀다고 했지만 실은 평양으로 달려가서 우리 국왕과 만나 그 사실 여부를 확인하고 돌아가려는 의도였다.

사실 이때 조선 조정은 중국에게 구원병을 요청하려 했다. 그런데 중국 요동·광동 사람들은 성품이 아주 포악해 그들이 강을 건너와서 우리나라를 유린한다면 왜적에게 함락되지 않은 대동강 북쪽의 여러 고을들도 모두 황폐화할 것이라는 주장이 일었다. 이 두 의견으로 서로 논쟁하느라 오랫동안 해결이 나지 않은 상태였다. 그런데 중국에서 유언비어를 조사하기 위해 최세신과 임세록을 보냈다는 말을 듣고 조정은 중국 사신을 맞는 사절을 보냈다. 겉으로는 환영하면서도 실제로는 우리나라의 피폐한 사정을 직접 호소해 중국 구원병이 오래도록 머물기가 어렵다는 것을 이야기하기 위해서였다.

유언비어로 인한 오해를 푸는 것은 어렵지 않았다. 조선으로 건너온 중국 사신들이 직접 목격한 조선의 피해 상황이 유언비어의 거짓을 입증해 준 것이다. 그러나 조선과 일본이 합작해 중국을 치려 한다는 소문을 들은 중국에서 사신까지 보내 확인하려 했다는 것은 만에 하나 그 '소문'이 사실일 가능성도 있다고 생각했기 때문이었다. 강대국과 약소국, 종주국과 속국 관계라 하지만 서로 상대방을 완전히 믿을 수 없는 양국의 긴장 관계를 읽을 수 있는 대목이다.

사육신의 처자식은 그 뒤 어떻게 되었나?

1455년 수양대군이 단종을 제거하고 왕위에 오른 일은 스스로도 '반정'이라 부르지 못하는 왕권 찬탈이었다. 이때 사육신을 포함한 집현전 학사 출신 관료들이 세조의 쿠데타를 비난하며 단종 복위 운동을 벌이다가 일망타진되는 사건이 발생한다. 세조는 이들을 일컬어 '난신'이라 규정하고 대다수를 죽이거나 먼 곳으로 유배시켰다. 그리고 세조 2년(1457) 9월 7일 왕은 난신으로 규정된 사람들의 어머니·누이·딸을 가리지 않고 여자 식솔들은 한 사람도 남김없이 세조 집권에 공을 세운 공신들에게 나누어주었다. 그 수는 1백 명이 넘었다.

예를 들자면 박팽년의 아내 옥금과 김승규의 아내 내은비·딸 내은금·첩의 딸 한금은 영의정 정인지에게 주고, 성삼문의 아내 차산·딸 효옥과 이승로의 누이 자근아지는 운성부원군 박종우에게 주고, 최면의 누이 선비와 조완규의 아내 소사·딸 요문은 병조판서 신숙주에게 주고, 윤영손의 아내 탑이·딸 효도와 이반경의 첩 막생은 중추원사 박강에게 주고, 성삼성의 아내 명수와 정효강의 아내 효도·딸 산비는 병조참판 홍달손에게 주고, 박대년의 아내 정수와 송석동의 아내 소사는 동지중추원사 봉석주에게 주고, 유성원의 아내 미치·딸 백대와 이명민의 아내

맹비는 좌승지 한명회에게 주고, 하위지의 아내 귀금 딸 목금은 지병조사 권언에게 주는 식이었다.

　마치 전리품으로 얻은 물건을 나누듯이 여자들을 노비로 분배했다. 사대부 집안의 부인이든 노비이든 할 것 없이 여성의 인격은 인정되지 않고, 단지 주고받을 수 있는 물건처럼 다루었다. 그 뒤 이들의 처지가 어떻게 되었는지는 기록되어 있지 않다. 다만 『조선왕조실록』은 그 뒤 박대년의 아내가 봉석주의 첩이 되고, 윤영손의 아내도 상전인 박강과 통정하고, 성삼두의 아내 또한 마찬가지였다는 슬픈 소식을 전할 뿐이다.

 장녹수는 미인이 아니었다

　5백여 년이 지난 오늘날까지 텔레비전 드라마나 영화의 주인공으로 위세를 과시하고 있는 장녹수는, 『조선왕조실록』에서도 여느 정승이나 판서보다 더 많은 지면을 할애 받고 있다. 무엇이 장녹수를 그처럼 유명하게 만들었는가? 장녹수의 삶과 죽음은 결코 연산군과 떼어서 생각할 수 없다. 무엇보다 장녹수를 장녹수이게 만든 것은 그녀에게 한없이 빠져든 연산군이었다. 1502년 11월 25일의 「연산군일기」를 보자.

　장녹수는 제안대군(예종의 동생, 바로 연산군의 작은할아버지)의 노비였다. 성품이 영리해 사람의 뜻을 잘 맞추었는데, 처음에는 집이 아주 가난해 몸을 팔아서 생활을 했기 때문에 시집을 여러 번 갔다. 그러다가 제안대군의 노비의 아내가 되어서 아들 하나를 낳은 뒤 노래와 춤을 배워서 창기가 되었다. 노래를 잘해서 입술을 움직이지 않아도 소리가 맑아서 들을 만했으며, 나이는 30여 살이었는데도 얼굴은 16살의 아이와 같았다. 왕이 듣고 기뻐해 드디어 궁중으로 맞아들였는데, 이때부터 총애함이 날로 융성해 장녹수가 말하는 것은 모두 좇았고, 종4품 후궁으로 봉했다.

얼굴은 보통 수준을 넘지 못했으나, 남다른 교태와 요사스러운 아양은 견줄 사람이 없었다. 왕이 아주 반해 창고의 재물을 기울여 모두 그 집으로 보냈다. 또한 금은주옥을 다 주어 그 마음을 기쁘게 해서, 노비 전답 가옥도 또한 이루 다 셀 수가 없었다. 왕을 조롱하기를 마치 어린아이 대하듯 했고, 왕에게 욕하기를 마치 노비에게처럼 했다. 왕이 비록 몹시 노했더라도 장녹수만 보면 반드시 기뻐해 웃었기 때문에, 상주고 벌주는 일이 모두 그의 입에 달렸다.

미인도 아닌 연상의 장녹수에게서 비명횡사한 어머니를 대신하는 모성애를 느낀 탓인가? 세상만사에 격렬히 저항하던 연산이 거의 유일하게 장녹수에게만은 무저항의 태도로 임했던 것이다.

장녹수는 연하의 탕아를 능숙하게 다뤄내는 술집 마담처럼 연산의 사랑을 독차지하면서, 동시에 연산의 탈선 행각에 마담뚜의 역할까지 했다. 중종 즉위년(1596) 9월 2일의 기록을 보자.

궁중의 연회에 양반 부인으로 참석하는 자는 모두 남편의 이름을 써서 옷깃에 붙이게 했다. 미모가 빼어난 자는 장녹수를 시켜 머리단장이 잘 안 되었다고 핑계를 대고 그윽한 방에 끌어들여 간통했는데, 어느 때는 하루가 지난 뒤에 나오기도 하고 어느 때는 다시 불러 궁중에 묵는 일도 자주 있었다.

「연산군일기」는 왕의 총애를 한 몸에 받은 장녹수와 후궁 전씨의 위세에 대해서도 자세히 기록하고 있다.

왕은 두 후궁이 하는 말을 따르지 않음이 없고 그들이 하려는 것을 해주지 않는 것이 없었기 때문에, 옥사(獄事)를 농간하고 벼슬을 팔며 남의 재물과 가옥을 빼앗는 따위로 못하는 짓이 없었다. 또한 조금이라도 자기 뜻에 거슬리면 반드시 화로써 갚았기 때문에 종친이나 고위 관직을 지낸 자들 가운데 그들의 침해와 모욕을 받지 않은 이가 없었다. 또한 주인을 배반하고 이익을 노리는 무뢰배들이 이들의 일가라 일컫고, 가는 곳마다 소란을 피우며 수령을 업신여기고 백성들에게 못 살게 굴어 기세가 넘쳤다.
그러나 아무도 감히 범접하지 못하고 조심스럽게 빌며 사양하고 움츠려 피할 뿐이었다. 왕이 이들을 위해 큰 집을 짓되 대신에게 감독하게 해 지어 주었다. 그들이 만약 부모를 뵈러 출입할 때면, 승지 재상들이 모두 따라가며 앞에서 인도하고 뒤를 감싸 마치 왕비의 행차와 같았다.

그러나 장녹수의 권세와 영화는 길지 않았다. 연산이 중종반정으로 폐위되기 열흘 전인 1506년 8월 23일 「연산군일기」는 불길한 예감을 전한다.

왕이 뒤뜰에서 잔치하며 스스로 피리 두어 곡조를 불고 탄식하며 읊었다. "인생은 초로와 같아서 만날 때가 많지 않은 것이다." 읊기를 마치고 두어 줄 눈물을 흘렸다. 여러 계집들은 몰래 서로 비웃었지만, 다만 장녹수와 후궁 전씨 두 계집은 슬피 흐느끼며 눈물을 머금었다. 그러자 왕이 그들의 등을 어루만지며, "지금 태평한 지 오래이니 어찌 뜻밖의 변이 있겠냐마는, 만약 변고가 있게 되면 너희들은 반드시 면하지 못하리라" 말하며, 각각 물건을 하사했다.

예감은 적중했다. 열흘 뒤인 9월 2일 연산군은 쿠데타 세력에게 폐위되고 장녹수와 후궁 전씨는 목이 베어졌다. 장녹수의 처참한 말로는 「연산군일기」의 마지막 날짜에 이렇게 기록되었다.

장녹수와 후궁 전씨를 군기시 앞에서 베니, 시중 사람들이 다투어 기왓장과 돌멩이를 그들의 국부에 던지면서 "일국의 고혈이 여기에서 탕진됐다"고 했는데, 잠깐 사이에 돌무더기를 이루었다.

변계량을 잡아먹을 뻔한 누이동생의 바람끼

변계량(1369~1430년)은 이성계를 도와 조선을 세운 개국 원종공신이면서 대제학까지 지낸 사람이다. 이색·정몽주·정도전·권근 같은 당대 최고의 학자들 밑에서 두루 공부했던 그는 황희 정승과 더불어 조선 초기 2대 문장가로도 이름을 떨쳤다. 그러나 1399년 그는 시집 간 누이동생의 모함으로 곤경에 처하게 되었다. 정종 1년(1399) 8월 19일 「정종실록」은 변계량의 누이동생의 사형 집행 소식을 알리면서 사건의 내막을 기록하고 있다.

변계량의 누이동생 변씨는 죽은 남편 박충언의 종으로 있던 포대 사안 형제와 내연의 관계를 맺고 있었다. 부인의 재혼이 허용되었던 조선 초기였던지라 변씨는 다시 박원길과 재혼했다. 그 뒤 남편이 변씨의 부정을 알게 되자 겁먹은 변씨는 오빠인 변계량에게 달려가 "남편의 성질이 사나워 같이 살기 힘들다"며 이혼을 허락해 달라고 했다. 변계량이 허락하지 않자 변씨는 남편과 오빠를 함께 모함할 계략을 짜냈다. 그녀는 자신의 정부 포대와 공모해, 박원길과 변계량이 다른 사람들과 함께 쿠데타를 일으키기로 했다며 고발한 것이다.

왕의 직접 지시에 따라 대장군 심귀령이 박원길을 잡아다 문초해 사실이 밝혀졌다. 그러나 대역죄 혐의로 고발된지라, 변씨의 소원대로 박원길은 신문 과정에서 매를 맞아 죽었고 변씨는 포대와 함께 참형을 당했다.

    자신의 부정을 감추기 위해 거짓을 둘러대거나, 정부와 짜고 남편을 제거하려는 일은 요즘에도 가끔 일어나는 인간 세상의 일이다. 그러나 이를 위해 남편과 오빠까지 내란 음모 혐의로 허위 고발한 예는 아마도 전무후무한 일일 것이다.

38명의 고관을 정부로 둔 서울 시장의 딸

조선이 유교를 통치 이데올로기로 도입한 이래 여성들의 삶은 어항 속의 물고기 또는 감옥 안의 죄수와 다를 바 없었다. 그러나 유교 문화가 완전히 뿌리내리기 전인 조선 초기의 활달한 생활 양식에 관한 기록은 많이 남아 있지 않다. 다만 도덕 면에서 비난으로 얼룩진 몇몇 스캔들만이 당시의 자유분방한 여성 현실을 간접적으로 말해 줄 뿐이다. 삼류 소설이나 영화의 주인공으로서 오늘날까지 많은 남성들을 즐겁게 해주고 있는 유감동 또한 활달한 조선 초기 여인의 특수한 사례다.

명예 서울 시장을 지낸 유귀수의 딸로서 무안 군수 최중기에게 시집간 유감동은, 남편이 평강 현감으로 부임하고 있을 때 병을 핑계로 서울로 올라와서는 그 뒤 전설이 되어버린 간통 행진을 계속하게 된다. 세종 9년(1427) 8월의 「세종실록」에 기록된 것만 해도 유감동과 관계를 맺은 고위 관료는 38명이나 된다. 특히 그녀는 영의정 정탁과 관계하면서 그의 조카인 이조판서 정효문과도 정을 나누었고, 시누이의 남편인 정3품 벼슬아치 이효랑과도 관계해 세상 사람들을 놀라게 했다.

김종서 장군은 바로 이 점을 문제삼아 "정효문은, 그의 숙부 정탁이 간통했는데 이를 알면서도 고의로 범했고, 이효량은 최중기의 매부이면서 간통했습니다. 두 사람의 행실이 짐승과 같으니 모름지기 추궁해 다스리소서" 하며 세종에게 진언했다. 그러나 워낙 많은 고관대작들이 관계된 사건인지라 세종도 어쩔 수 없었다. 왕의 답변을 들어보자.

이 여자를 더 심문할 필요가 없다. 이미 간부가 10여 명이 나타났고 또 재상도 끼여 있으므로 일의 윤곽이 벌써 다 이루어졌으니 이것을 가지고 죄를 결정해도 될 것이다. 다시 더 심문한다 하더라도 이 여자가 어떻게 모두 기억할 수 있겠는가. 정효문은 숙부 일은 알지 못하고 간통했다고 말했고, 또 공신의 아들이니 다시 심문하지 말라.

세종은 또 사헌부에 이르기를, 서울에 거주하는 자는 직접 심문하되 지방으로 부임한 사람은 잡아오지 말고 처리하도록 지시했다. 사건을 축소시키려는 것이다. 이 여파는 유감동의 처벌에도 영향을 미쳤다. 한 건의 간통으로 죽음을 당하던 시대였지만 유감동은 먼 지방으로 쫓겨나는 데 그쳤다. 물론 유감동은 변방으로 유배 가서도 실력을 유감 없이 발휘한 것으로 「세종실록」은 전한다.

유감동의 타락은 지탄받을 만한 일이었다. 그러나 38명의 고관대작들을 놔두고 유감동에게만 돌을 던질 사람은 없을 것이다. 오히려 그녀는 문란한 행각을 법적으로 보장받던 남성 위주의 사회에 반기를 든 용감한 여성으로 기억될 수도 있을 것이다.

2대에 걸친 자유부인, 어을우동 모녀

1480년 10월 18일 「성종실록」은 어을우동이라는 이름의 여자가 교수형을 당했다고 기록하고 있다. 그리고 교수형의 명분이 필요했는지 「성종실록」은 이 여인이 11명의 남자와 인연을 맺는 과정을 자세하게 설명하고 있다.

어을우동은 마치 1990년대 미국의 가장 자유분방한 부인만이 할 수 있는 일을 500년 전에 해냈다. 상대방의 신분을 가리지 않고 마음에 드는 사람과는 즉시 그 자리에서 본능적인 행동을 했다. 다른 점이 있다면 관계한 남자 가운데 특히 마음에 드는 사람이 있으면 관계한 남자 가운데 특히 마음에 드는 사람이 있으면 그의 팔뚝이나 등에 먹물로 자신의 이름을 새겨 넣은 연비(聯臂) 정도였다. 꼬리가 길면 잡히는 법. 성과 가족 제도로부터 해방된 여인 어을우동은 많은 실적을 쌓은 끝에 의금부의 문초를 받게 되었다.

의금부의 조사 과정에서 어을우동은 대사헌(한때의 국정원장) 노공필을 비롯한 수많은 고위 공무원들의 이름을 둘러대었다. 그것은 간통한 죄로 어을우동과 같이 갇혀 있던 이난이라는 사람으로부터 "예전에 유감동은 간통한 자가 아주 많았기 때문에 사형을 면했다. 너도 마땅히 노공필·어유소·김세적·김칭·정숙지와 서로 간통했다고 말하는 것이 좋겠다"는 조언을 받았기 때문이었다.

그러나 이번에는 사정이 달랐다. 특히 고위직 인사들이 어을우동과의 관계를 부정하고 나섰고 입증할 만한 증거도 없었다. 따라서 '관계한 사실'을 고집하는 어을우동을 빨리 처단해 사태를 수습할 필요가 있었다. 벌을 면하자는 게 결국 자기 죽을 꾀를 낸 셈이 되었다.

어을우동의 이야기는 여기서 끝나지 않는다. 어을우동이 사형당한지 8년 뒤인 1488년 8월, 이번에는 어을우동의 친오빠인 박성근이 의금부에 갇히게 되었다. 조카와 음모해 자신의 어머니를 살해한 혐의로 체포된 것이다. 8월 22일의 「성종실록」은 박성근이 자신의 어미를 죽인 이유를 이렇게 밝히고 있다.

> 박성근이 어렸을 때 사람들에게 말하기를, "나는 어미가 잠잘 때에 발이 넷이 있는 것을 보았다"고 했다. 그랬더니 어미인 정씨가 이때문에 아들을 미워해 밤이 되면 반드시 박성근을 궤짝 속에 가두었으며, 의복이나 음식은 노비의 자식처럼 주었다. 또한 그가 장성한 뒤에는 토지와 노비를 적게 주어 박성근이 이것을 원망하더니, 드디어 정씨의 조카인 정소와 함께 어미를 죽였다.

박성근의 어미는 어을우동이 살아 있을 때에도 어을우동 못지 않은 행실로 사람들의 입에 오르내렸다. 사람들이 어을우동의 문란한 생활을 성토하면 "사람이 누군들 정욕이 없겠는가? 다만 내 딸이 남자에게 빠지는 것이 너무 심할 뿐이다"며 옹호하기도 했다.

딸 어을우동은 간통죄로 교수형을 당하고 어미는 딸과 같은 죄를 범해 아들의 손에 죽었다. 어미를 죽인 아들 박성근은 매를 맞고 옥에서 죽었으며, 박성근의 아내는 의금부에서 문초당하는 박성근에게 "너는 마땅히 빨리 죽어야 한다" "너는 늘 나를 버리고자 했으나 다만 내가 양반 출신인 까닭으로 감히 하지 못했던 것이다"고 말하는 것을 비롯해 불순한 태도를 취하다가 의금부 당상관들의 미움을 사서 함께 처벌받았다.

보고를 받은 성종은 말한다.

> 박성근의 한 가정은 모두 사람 같지 않으니, 그 처도 아울러 신문해 함께 처벌하라.

어을우동은 비록 실패하긴 했으나, 고위직 인사들과 관계한 뒤에 그들의 명단을 손에 쥐고 있으면 안전을 보장받을 수 있다는 생각은 예나 지금이나 마찬가지인 모양이다. 그리고 비록 관계한 여자가 처벌되거나 지탄받는 일은 있어도 그 고위직 인사들은 별 탈 없이 여전히 고위직을 유지한다는 것도 예나 지금이나 다를 바 없는 일이다.

술잔은 성균관 학생들의 야간 통행증

한국전쟁 이후 수 십 년 동안 이어져 온 야간 통행 금지 제도를 없앤 것은 제5공화국이라는 인기 없는 정권의 민심 수습책이었다. 밤 12시부터 새벽 4시까지 계속되는 통행 금지 시간에 예외로 나다니려면 위급한 사정을 인정받고 임시 통행증을 발급 받아야만 했다. 이 임시 통행증은 종이에 증명서 식으로 된 것이었는데 팔뚝에다 고무 도장을 찍어 줄 때도 있었다.

조선 시대에도 야간 통행 금지 제도가 있었다. 통행 금지는 오후 10시부터 다음날 새벽 4시까지였다. 『경국대전』에 따르면, "궁궐 문은 초저녁에 닫고 해뜰 때에 열며, 도성 문은 인정에 닫고 파루에 연다"고 되어 있다. 인정은 통금 시작을 알리는 스물여덟 번의 종소리를 말하고 파루는 통금 해제를 알리는 서른 세 번의 종소리를 말한다. 종을 스물 여덟 번 치는 것은 우주의 일월성신 28수에 고하기 위함이요, 서른 세 번은 하늘의 33천에 알려 그 날의 안녕을 기원하는 뜻이었다.

모든 일에 예외가 있듯이 야간 통행 금지 제도가 실시되던 조선 시대에도 야간 통행증이 있었는데 성균관 학생들의 야간 통행증은 바로 왕이 하사한 술잔이었다. 효종 시절에 왕은 은으로 만든 술잔을 성균관에 내렸는데 그 술잔에는 '성균관에 하사한다'는 글귀가 새겨져 있었다. 혹시 제사를 지내거나 왕에게 상소할 때에는 깊은 밤이라도 유생이 이 술잔을 가지고 나가면 순찰하는 나졸도 감히 묻지 못했다.

그런데 영조 30년(1754) 1월 28일 성균관의 한 유생이 야간 통행 금지를 어겼다 해 관가로 끌려가 곤장을 맞는 일이 벌어졌다. 순찰하던 나졸이 술잔을 갖고 나온 유생을 잡아 그를 곤장으로 때리고 잔을 돌려보낸 것이다. 성균관 유생들은 곧바로 동맹 휴학을 하고 규탄했다. 그러자 왕은 포도청 대장을 엄하게 벌하도록 명하고 유생들을 달래 학교로 돌아가도록 했다. 인왕산에 호랑이가 나타나던 시절의 이야기였다.

이순신 장군은 김치 맛을 못 보았다

    김영삼 전 대통령이 대통령 재직 시절 검소하게도 칼국수를 자주 드셨다는 것은 웬만한 국민들에게도 잘 알려져 있는 사실이다. 그러나 조선시대 당시에는 구중 궁궐 깊은 곳에서 왕이 무엇을 먹는지는 자세히 알려질 수 없었다. 다만 영조 44년(1768) 7월 28일 「영조실록」에는 드물게 왕의 음식 타령이 기록되어 있다.

    내의원 신하가 임금을 뵙자 임금이 말했다.
    "송이·날전복·어린 꿩고기·고초장(고추장), 이 네 가지 맛이 있으면 밥을 잘 먹으니, 그러고 보면 입맛이 완전히 늙은 것은 아니다."
    그러자 도제조 김양택이 말했다.
    "그러시면 날전복을 공물로 올리도록 지시하겠습니다."
    임금이 말했다.
    "그만둬라. '공자는 꿩고기를 냄새만 세 번 맡고 일어났다'고 했다. 날전복을 갖다 바치는 데 공이 많이 들므로 영의정이 어사로 있을 때 '한 마리 전복도 민폐를 끼친다'고 말하지 않았느냐. 지금 민간에 병충해가 몹시 심한데, 어찌 정당한 공물

외에 때가 아닌 물건을 구해 배를 채우겠는가? 마땅히 바쳐야 할 것말고는 받지 않겠다."

여기서 눈에 띄는 것은 고추장에 관한 대목이다. 고추장은 김치와 더불어 우리나라 사람들에게 빼놓을 수 없는 음식이다. 외국에 원정 간 선수들이 고추장과 김치를 먹고 힘을 냈다는 말도 있다. 이처럼 이들 음식은 단순한 반찬이 아니라 민족적 일체감과 자부심을 상징하는 '정신적 지주'의 하나로 승격해 있다. 그러나 고추장과 김치는 한국의 고유한 음식일 수는 있어도 전통과 역사를 자랑할 만큼 오래된 음식은 아니다.

고추가 우리나라에 들어온 것은 1615년부터였다. 그러니까 지금처럼 시뻘건 김치와 고추장은 그 이전에는 있을 수 없었다. 고추 대신 쓰이던 것은 후추였는데, 이 또한 대마도나 중국의 사신이 왕에게 선물로 바치던 것이라 일반 백성들은 구경하기도 어려운 귀한 물건이었다. 조정의 대신들도 특별한 날에 왕으로부터 몇 알씩의 후추를 하사받았을 뿐이다. 그래서 조선 중기까지의 김치는 고추가 들어가지 않고 소금으로 간을 맞춘 백김치와 동치미 또는 간장으로 버무린 장김치밖에 없었다.

요즘 김치 재료로 가장 많이 쓰이는 배추 또한 서양 종자를 개량한 것으로서 19세기 말에야 우리나라에 들어왔다고 한다. 그러니까 지금과 같은 모습과 맛의 김치는 겨우 100년의 역사를 거쳐 가장 한국적인 음식으로 발전한 것이다.

호랑이 잡은 아이와 백성 잡는 호랑이 사냥

경기도 가평에 사는 김희약이라는 어린아이가 그의 할아버지가 호랑이에게 잡힌 것을 보고 도끼 자루로 호랑이를 쳐서 할아버지를 구한 사건이 일어났다. 명종 14년(1559) 3월 4일의 「명종실록」은 경기도 관찰사가 이 사건을 보고하면서 김희약 어린이를 표창해 줄 것을 청원했으며, 왕이 예조에 명령을 내렸다고 적고 있다. 언뜻 믿기 어려운 일이지만 관찰사가 조정에 보고하기까지 한 것으로 미루어 사실일 가능성이 크다. 어린아이의 용맹성도 놀랍지만 이 사건은 "어린아이가 호랑이를 잡을 만큼 호랑이가 많았다"는 이야기도 될 수 있다. 실제 호랑이의 습격으로 생기는 인명 피해와 호랑이 퇴치를 위해 나라에서 벌이는 사냥은 『조선왕조실록』에 자주 등장한 사건이다.

당시 조선에 호랑이가 어느 정도 많았는가 하는 것은 흰 호랑이 출몰 사건을 보더라도 알 수 있다. 선조 4년(1571) 10월 27일 흰 호랑이가 경기도 고양 지역에 나타나 사람과 가축 4백여 마리를 죽였다. 이 때문에 조정에서는 대대적인 포획에 나섰다. 이때 호랑이 포획령으로 전국에서 잡힌 호랑이는 모두 일곱 마리나 되었다. 그러나 포획을 중단한 것은 많이 잡았기 때문이 아니었다. 같은 해 11월 12일의 「선조실록」을 보자.

이번에 동도와 서도의 착호대장(호랑이 포획 대장)이 군사들을 잘 통제하지 못해 민간에 들어가 노략질하고 소란스러운 일을 일으켰다. 이 때문에 왕이 호랑이 잡는 일을 중단하게 했다. 이날 서도(평안도와 황해도)에서 큰 호랑이 두 마리를 잡고 경기도 광주에서 다섯 마리를 잡았다.

북한산과 인왕산에 호랑이가 나타났다는 기록은 조선 후기에도 등장하지만 그 무렵에는 호랑이가 궁궐에까지 내려왔다. 임진왜란 때 조선에 침략한 왜군의 장수들이 호랑이 사냥에도 열을 올렸다고 한다. 전쟁이 끝난 지 10여 년 뒤인 선조 40년(1607) 7월 18일 왕은 창덕궁에 출몰하는 호랑이를 잡지 못하는 신하들을 매섭게 꾸짖으며 반드시 잡도록 지시했다.

내가 듣건대, 창덕궁 안에서 어미 호랑이가 새끼를 쳤는데 그 새끼가 한두 마리가 아니라고 한다. 발자국을 찾아 잡도록 이미 지시를 내렸다. 지금처럼 초목이 무성한 때에는 군대를 풀어 잡기 어렵다고 하더라도 발자국을 찾아 내 호랑이를 없애는 방법이야 어찌 없겠는가. 부지런히 발자국은 찾아 내지 않고 말만 꾸며서 책임만 면하려 하고 있다. 이는 작은 일이기는 하지만 우리나라 사람들이 이같이 모든 일에 허풍만 떨고 용맹스럽지 못하다는 것을 미루어 알 수 있다. 아직까지 짐승 한 마리도 잡지 못하고 있다. 그러니 남왜(일본) 북적(북쪽 오랑캐)과 마주치면 바람에 이는 먼지만 보고도 정신을 잃고 군대를 이끌고 도망가는 것을 이상하게 여길 것도 없다. 그리고 "호랑이 새끼를 길러 근심을 부른다"고 옛사람이 경계했다. 만약 밤중에 나타나서 시내 민가에 들어가기라도 하면 틀림없이 와전되어 많은 사람을 현혹시키는 폐단이 생길 것이다. 병조에게 군사를 많이 내고 군령을 더욱 엄하게 해 반드시 잡게 하라.

"가혹한 정치는 호랑이보다 무섭다"는 옛말처럼, 그 무렵 백성들을 더 괴롭힌 것은 호랑이가 아니라 정치인과 그들의 통치였을지도 모른다. 「선조수정실록」에는 이런 기록이 적지 않다.

경기 지방에 호랑이의 피해가 많아 장수에게 명령해 군사를 일으켜서 사냥하게 했다. 그런데 사졸들이 민가를 침탈해 민간의 고통이 호랑이에게 받은 것보다 더 심했다.

조선 시대 최대의 하수도 공사

한양을 조선 왕조의 수도로 정한 것은 개국 2년 뒤인 1394년 8월이었고 수도를 옮긴 것은 같은 해 10월이었다. 그러나 한양은 아직 사람이 살지 않은 허허벌판이었다. 1395년 1월 한양 주위에 성을 쌓기 시작해 9월에 완성했다. 동대문은 1397년 4월, 남대문은 1398년 2월에 준공했다. 그러나 서울이 제대로 모습을 갖추기까지는 몇십 년의 세월이 더 필요했다.

새로운 수도 서울에서 크게 문제가 된 것은 바로 한강의 홍수였다. 비가 와서 조금만 물이 불어나면 가옥이 물에 잠기고 길이 끊기기 일쑤였다. 집밖에다 물을 버리면 고이고, 고인 물이 차면 낮은 데를 찾아 흐르던 시절이었다. 제대로 건설한 하수도가 없었으며 자연스레 생겨난 개천은 바닥이 높아 홍수 때 수해를 불러일으켰다. 태종 11년(1411) 12월 1일 왕은 대대적으로 개천 바닥을 파내는 공사를 명령했다. 인력 동원에 신중한 편이었던 태종은 "이번 일이 백성에게 폐해가 없겠는가? 다음해를 기다리거나 또는 자손 대에 이르게 하는 것이 옳지 않겠는가?" 하며 신하들의 의견을 구했다. 때마침 농한기이니 부담이 적을 것이라는 의견이 다수였다. 이날의 「태종실록」은 구체적인 논의 과정을 소개하고 있다.

운하를 파는 일을 의논했다. 임금이 물었다.

"서울에 운하를 파는 일을 각도에 알렸는가?"

좌정승 성석린이 대답했다.

"내년 2월 1일에 공사를 시작한다고 이미 충청도·강원도에 알렸습니다."

임금이 말했다.

"올해는 윤 12월 15일이 입춘이니, 정월의 날씨가 반드시 따뜻할 것이다. 2월을 기다리면 농사일과 겹치게 되니, 정월 보름에 일을 시키도록 하라. 올해에는 경상도·전라도도 조금 풍년이 들었으니 또한 소집하는 것이 좋겠다."

지의정부사 박신이 대답했다.

"경상도 백성에게는 충주창(경상도에서 조세로 거둔 쌀을 수로로 운반해 충주로 모았음)을 짓는 일을 이미 지시했습니다."

임금이 말했다.

"그렇다면, 노역을 겹쳐서 할 수 없으니, 전라도의 백성에게 부역하게 하는 것이 좋겠다."

한편 예조에서는 뒤늦게 개천 바닥을 파내는 공사를 정지할 것을 건의했다.

"월령(한 해의 행사를 다달이 구별하여 정해 둔 것)에 '정월에는 대중을 일으키지 말라' 했습니다. 지금 대중을 움직여 운하를 파는 때가 경칩이 되었으니, 청컨대 정지하소서."

임금이 말했다.

"운하를 파는 데 편하고 불편한 것은 의정부와 승정원이 이미 알고 있다."

의정부에서도 아뢰었다.

"새 수도의 이 공사는 빨리 하지 않을 수 없습니다. 또 지금 기계가 이미 갖추어지고 군인의 수가 이미 정해졌으니, 정지해 그만둘 수 없습니다."

임금이 그대로 따랐다.

이 공사에는 일반 백성들만이 아니라 군역을 치르고 있던 군인들도 동원되었는데, 그 수가 지금 기준으로 5개 사단 병력에 이르는 대규모였다. 이때 동원된 경상도 · 전라도 · 충청도 3도의 군인이 모두 5만 2,800명이었다. 태종이 "5만여 명이 먼 길에 쌀을 지고 왔으므로 그 양이 반드시 넉넉지 못할 것이다"고 하면서 군자감의 쌀 4만 400섬을 내서 군인에게 각각 3말씩 주어 보름치 양식을 준비하게 했다. 군인 가운데 부모의 상을 당한 사람의 수가 3백 명에 이르렀는데 모두 놓아서 돌려보냈다고 「태종실록」은 전한다.

오늘날 서울의 개천을 만들고 바닥을 파내는 데 뿌려진 선조들의 피와 땀을 기억하는 사람은 없다. 그동안 서울의 개천은 대부분 도로 밑으로 숨어들어 그 지저분한 모습을 구경하기조차 힘들었다. 그러다가 지난 2003년 7월 1일 청계 고가 도로 철거를 시작으로 2005년 9월 30일까지 완공되는 청계천 복원 공사 과정을 통해 우리는 서울의 복개천이 얼마나 오염되고 도시 수질 환경을 좀먹고 있었는지 알게 되었다. 다행히 청계천에 앞서 양재천, 탄천, 불광천 살리기 운동이 주민들의 적극적인 참여로 좋은 성과를 보이고 있다는 점은 후손들을 위해 다행스러운 일이라 하겠다.

한강에서 남대문까지 배타고 다닐 뻔했다

서울특별시의 상징 로고에는 산과 강이 그려져 있다. 바로 북한산과 한강을 나타낸다. 세계의 대도시 가운데 이처럼 도심에서 가까운 거리에, 이처럼 크고 웅장한 산이 있는 곳은 별로 없다. 그리고 한강은 대도시를 가로지르는 강 가운데서도 아주 큰 편에 속한다. 비록 공해에 찌들어 있지만 서울 주변의 산들과 한강은 서울을 서울답게 만드는 중요한 요소이자 자연의 축복이다.

반면 서울에 한강밖에 없는 것은 자연 환경의 탓이 아니다. 책임이 있다면 그것은 서울을 운영하고 살았던 사람들이 져야 한다. 한강처럼 큰 강이 흐르는데 그 지류가 발달하지 못한 것은 정말 드문 경우다. 운하의 도시라는 베네치아나 암스테르담까지 가지 않더라도 파리·베를린·모스크바 같은 대도시에는 큰 강의 지류들이 잘 보존되어 있다. 또 크고 작은 운하로 연결되어 생활의 편리함은 말할 것도 없고 운치 있는 환경까지 제공해주고 있다. 왜 그동안 안양천은 말라 붙고 탄천은 썩어가고 청계천은 아스팔트로 감춰져야 했는가? 한강이란 보물이 왜 가지 잘린 나무처럼 시멘트로 포위된 본류만으로 서울을 외롭게 관통해야 했는가?

만시지탄의 아픔은 있지만 이제야 양재천과 중랑천, 탄천

등이 조금씩 살아나 한강의 외로움을 달래주고 청계천 복원공사도 진행되고 있어 다소 희망을 갖게 될 수 있다는 점이 고마울 따름이다.

서울의 도심에도 배가 다닐 뻔한 일이 있었다. 태종 13년(1413) 7월 20일의「태종실록」을 보자.

> 의정부 좌정승 하윤이 운하를 팔 것을 요청했다. 그 내용은 이러했다.
>
> "경기의 군인 1만 명, 서울 안의 대장 부대장 4백 명, 군기감의 특별군 6백 명, 모두 1만 1천 명을 징발해 저수지를 파고 숭례문 밖에 운하를 파서 작은 배를 오가게 하소서."
>
> 임금이 말했다.
>
> "우리나라의 땅은 모두 모래와 돌이기 때문에 물이 머물러 있지 않는다. 때문에 중국의 운하를 본받을 수는 없다. 내가 내일 사람들 앞에서 의논하겠다."
>
> 임금이 경회루 아래에 나아가서 의정부에 일렀다.
>
> "숭례문에서 용산강에 이르기까지 운하를 파서 작은 배를 오가게 한다면 진실로 다행스러운 일이다. 다만 모래땅이므로 물이 늘 차지 못할까 의심스럽다. 경들은 어떻게 생각하는가?"
>
> 여러 신하들이 모두 말했다.
>
> "옳습니다."
>
> 그러나 오로지 의정부 찬성사 유양만이 반대했다.
>
> "용산강은 도성에 가까운데 어찌 백성들을 괴롭히겠습니

까?"

지의정부사 박자청이 말했다.

"땅은 모두 무논이니 반드시 새지는 않을 것입니다. 산을 뚫고 땅을 파는 데 들어가는 일은 1만 명의 한 달 일을 넘지 않으니, 시험해 보소서."

임금이 인력을 쓰는 깊은 어려움을 알고 있었던 까닭에 일을 정지하고 시행하지는 않았다.

찬성론자들은 남대문 밖이 모두 논이므로 물이 바닥으로 새는 것은 문제가 아니며, 생활의 편리함을 생각할 때 운하를 파는 부담을 감수해야 한다는 주장이었다. 그러나 수만 명의 군사를 동원해 서울의 개천을 파낸 지 얼마 되지 않았기 때문에 백성들의 동원에 따른 부담이 컸다. 남대문까지 운하가 만들어진다면 자연히 청계천과 연결되고, 이 하천을 더욱 넓게 파면 서울 도심에 배가 다닐 수 있었을 것이다. 한참 뒤의 일이지만 대원군이 왕실의 권위를 높이기 위해 경복궁을 재건하는 데 들인 노력을 서울의 운하 파는 데 썼다면, 그 후손들은 더욱 쾌적한 환경에서 건강한 생활을 하지 않았을까?

호패에는 사진 대신 무얼 적었을까?

　전자 신분증 실시를 앞두고 논란이 인 적이 있었다. 전자 신분증이란 지금의 주민 등록증과 의료 보험 카드, 그리고 은행의 신용 카드까지 하나로 합쳐 조그마한 전자 칩에 그 내용을 저장하는 것을 말한다. 이 제도를 실시하려는 쪽은 이용의 편리함과 관리의 효율성을 내세운 것이었다. 반대하는 쪽은 개인의 사적인 정보를 국가가 일괄 관리할 때의 부작용과 악용될 가능성을 경계한 것이다. 사실 주민 등록증 제도를 실시할 때도 비슷한 논란이 있었다. 그런데 지금의 주민 등록증과 같은 제도가 조선 시대에도 있었으니 그것이 바로 호패였다.
　호패법은 조선 건국 초기인 태조 7년(1399)부터 검토해 왔으나, 본격적으로 준비하고 실시한 것은 태종 때부터였다. 그리하여 태종 13년(1413) 9월 1일에는 호패법이 제정되었고, 같은 해 12월 1일부터 전국의 모든 관리와 백성들에게 호패를 차라는 명령을 내렸다. 처음 제정된 호패법에는 호패의 크기와 재질, 그리고 기재 항목과 벌칙에 대해 자세히 규정하고 있다.
　호패는 길이가 3촌 7푼, 너비가 1촌 3푼, 두께가 2푼이고, 위는 둥글게 하고 아래는 모가 나게 한다. 2품 이상은 상아를 쓰나 보통 때는 사슴뿔로 대신하고 대궐에 들어갈 때만 사용한다. 4품 이상은 사슴뿔을 쓰나 보통 때는 회양목으로 대신한다. 5품 이하는 회양목을 쓰나 보통 때는 자작나무로 대신하고, 7품 이하는 자작나무를 쓴다. 위의 등급은 아래 등급의 것을 사용할 수 있으나 아래 등급은 위의 것을 사용할 수 없다. 서민 이하는 잡목을 쓴다. 본인이 호패를 만들어 바치도록 하며, 관에서 도장을 찍어 허락하고 자기가 만들 수 없는 사람은 나무를 바치도록 해 장인에게 만들게 한다.

호패에 기재할 항목은, 현직 관료는 관직만 기재하고 그 외 사대부는 전직 성명 주소를 기재한다. 서민의 호패에는 얼굴은 무슨 색이고 수염이 있는지 없는지를 덧붙인다. 군관은 소속 부대와 키를 적고 잡색인은 종사하는 부역과 주소를, 종들은 소속 집안과 나이, 주소, 얼굴 색, 수염 유무, 키를 적어서 낙인을 찍는다. 고위 관료는 기재하는 것을 면제한다.

이처럼 호패는 재질만 달랐을 뿐 신분의 구별 없이 모든 사람이 차고 다니게 했다. 그러나 자세히 살펴보면 신분이 낮을수록 호패의 기재 항목이 늘어나는 것을 알 수 있다. 여기서 호패법을 실시한 배경을 알 수 있다. 곧 호패법은 전체 인구를 파악하여 국가의 통제 아래 둠으로써 조세와 부역을 지우려는 것이 우선 목적이었다. 그러니까 호패법의 실제 대상자는 사대부와 현직 관료가 아니라 그 밖의 신분 계층이었다. 이들에게 호패법은 결코 반갑지 않은 제도였다. 따라서 호패를 받지 않으려는 사람들이 늘어났다. 부역을 피하기 위해 일부러 남의 집 노비가 되는가 하면 이미 받은 호패를 위조하기도 했다. 호패에 붓으로 기재 내용을 쓰던 것을 칼로 새기도록 한 적도 있었으나 소용이 없었다. 세종대왕도 호패법 시행이 부진한 것을 여러 차례 따져 물었으나 별로 달라지지 않았다.

그러던 가운데 세조 9년(1464) 1월 12일 왕은 호패법을 강력히 실시하기 위해 일부 내용을 개정했다.

1. 당상관(정3품 이상 벼슬아치)의 호패는 상아를 쓴다. 소 뼈 사슴뿔도 통용한다. 3품 이하 천민에 이르기까지는 잡목을 쓴다.
1. 비록 양적에 올라 있지 않더라도 여러 해 동안 양인으로 지내고 보증인이 있는 사람은 양인으로 간주한다.
1. 천적에 올라 있지 않은 자는 양인으로 하되, 비록 천적에 올라 있지 않더라도 천민으로 부역을 담당해 온 사람은 천민으로 간주한다.
1. 양인 이하는 얼굴 생김새를 쓰되 얼굴의 흉터 · 애꾸눈 · 귀의 쪼개짐 · 언청이 · 절름발이 같이 외모에 표가 나는 것은 모두 기재한다.
1. 몰래 다른 사람의 노비가 되거나 양인을 노비로 기록한 사람은 곤장 100대에 전 가족을 변방으로 옮긴다.

이처럼 호패법은 강화되었지만 호패법의 실시는 계속 부진

했다. 인구의 약 1~2할만이 호구 장부에 등록되고 호패를 찬 것이다. 호패 제도는 고종 때에 와서 완전히 없어졌다. 그러나 수백 년 동안 그것은 제대로 시행되지 않은 '죽은 법'이었다.

왕비의 옷값은 얼마일까?

　지난 1993년 서울시는 흥선대원군의 개인 집이었던 운현궁을 보수·정비하면서 고종과 명성황후가 혼례 때 입었던 면복과 적의, 흥선대원군의 조복과 그의 부인의 원삼 따위 4벌의 옷을 제작했다. 면복이란 흔히 곤룡포라 부르는 왕의 정복이며, 적의란 붉은 비단옷에 꿩을 수놓은 왕비의 정복을 일컫는다. 그리고 조복이란 벼슬아치들이 조정에 나갈 때 입는 일종의 근무복이며, 원삼이란 양반집 부녀의 예복이다.
　조선 왕조 복식 전문가의 고증을 거쳐 제작한 이 옷들의 제작 비용은 모두 9천8백만 원. 마진이 붙지 않은 것이니 원가만 1억 원 가까이 든 셈이다. 그 가운데서도 명성황후의 옷값만 5천여만 원이 들었다고 한다. 의상 제작에는 직조·수·금박·보석 세공 들의 기술자 2백여 명이 참가했으며 제작 기간은 3개월이 걸렸다.
　이 가운데서도 명성황후의 옷에 가장 많은 공이 들었다고 한다. 최고급 비단에 손으로 일일이 수를 놓고 금박을 새겼는데, 한 세트의 옷이 모두 23종의 옷으로 이루어졌다. 웃옷은 비단 속저고리, 꽃분홍색과 노란색의 짧은 저고리 두 개, 초록 당의, 붉은 비단에 봉황 51마리를 수놓은 겉옷 따위로 이루어졌다. 또 하의는 속바지 2개와 치마를 부풀리는 모시 대슘, 밑단에 금박이 한 줄 들어간 청색 스란치마, 금박이 두 줄 들어간 홍색 대란치마, 전행 웃치마 따위로 이루어졌다고 한다.

　옷을 만드는 재료야 백성들로부터 거둬들이면 되고, 또 제작이야 기술자들에게 맡기면 되었으니 왕실에서 큰돈을 부담하진 않았을 것이다. 그러나 몇십 종류나 되는 무거운 옷을 걸치고 있어야 했으니 공짜 옷을 입는 대가도 적지 않았다고나 할까.

　오늘날 퍼스트레이디의 옷값이 얼마나 드는지는 일반에게 알려져 있지 않다. 왕비의 혼례복이 5천만 원짜리였다는 사실에 퍼스트레이디들이 어떤 반응을 보이는지도 알 길이 없다. 그러나 3천만 원짜리 모피 코트를 쉽게 걸치거나 몇 천만 원짜리 웨딩드레스를 맞추는 사람들에게는 '왕비도 별 거 아니었구나' 하는 생각이 들 것이 분명하다.

정종은 살아남기 위해 골프를 쳤다

    1996년 가을, 정기 국회가 열리고 있던 평일 오전에 몇 명의 국회의원들이 골프장에서 몰래 골프를 치다가 기자들에게 들켰다. 그러자 이 의원 나으리들은 "긴히 의논할 국사가 있어서 골프장으로 나왔다"고 변명해 세상 사람들의 비웃음을 샀다. 바로 600년 전에도 국사를 내팽개치고 골프에 빠진 왕이 있었다. 그러나 그 왕은 오직 살아남기 위해 골프를 쳤다.

    태조 이성계의 둘째 아들로 조선의 두 번째 왕이 된 정종을 왕위에 앉힌 것은 그의 동생 이방원이었다. 이방원은 제1차 왕자의 난을 일으켜 라이벌인 두 명의 형제를 죽이고 실세가 되었으며, 극구 사양하는 그의 형을 왕으로 내세웠다. 실세가 따로 있는 가운데 억지로 왕이 된 정종은 국사를 돌보기보다는 격구, 사냥 따위의 노는 데 더 열중했다. 그의 이러한 행동은 왕권에 별 관심이 없음을 나타내고 자신의 목숨을 보존하기 위한 방편이기도 했다. 1400년 이방원이 제2차 왕자의 난을 일으켜 자신의 친형제인 이방간을 살해하자, 정종은 위험천만한 왕위에 더 이상 머무를 수가 없었다. 그리하여 정종은 2년 2개월만에 이방원에게 왕위를 넘기고 은퇴했다.

    그 무렵 격구는 두 가지 종류가 있었다. 오늘날의 폴로 경기처럼 두 패로 나뉘어 말을 타고 달리면서 막대기로 공을 쳐서 골대에 넣는 격구가 있었고, 또 말을 타지 않고 막대기로 공을 쳐서 맨땅의 구멍에 넣는 골프와 같은 격구가 있었다. 격구는 고려 시대에도 성행했으며, 특히 조선 초에는 태조에서 세종에 이르기까지 왕들도 즐기던 놀이였다. 그 가운데서도 정종은 격구에 가장 심취한 왕으로 기록되어 있다.

1399년 1월 19일자 「정종실록」에 따르면, 왕은 아침 조회에서 자주 격구를 하는 이유를 변명하고 나서 오전에 격구를 즐겼으며, 점심을 먹고 난 뒤 잠깐 신하들을 만나서 『고려사』 책을 구해 달라고 지시하고는 다시 격구를 즐긴 것으로 되어 있다. 날마다 계속되는 격구 놀이를 우려해 신하들이 걱정하자 정종은 건강을 핑계삼았다.

> 요즈음 다시 병이 생겨서 마음과 기운이 어둡고 나른하며 피부가 날로 여위어진다. 또 내가 무관의 집에서 자랐기 때문에 산을 타고 물가에서 자며 말을 달리는 것이 습관이 되었다. 따라서 오래 들어앉아서 나가지 않으면 반드시 병이 생길 것이다. 그러므로 우선 격구 놀이를 해 기운과 몸을 기르는 것이다.

세파에 순응한 탓인지 정종은 왕위에서 물러난 뒤 19년이나 더 살았다. 조선 시대의 왕으로서는 드물게 62살까지 살았는데 이 기록은 그 뒤 200년 동안 깨지지 않았다.

연산군이 지은 막걸리 찬가

막걸리에 관한 기록은 조선 초기부터 『조선왕조실록』에 등장한다. 「세종실록」에 변방으로 나간 군인들이 조밥에 막걸리만 먹었다고 불평하는 것으로 미루어, 예나 지금이나 막걸리는 서민의 술임을 알 수 있다. 소년 시절 강화도에서 농사짓다가 왕이 된 철종도 산해진미의 수라상에도 만족하지 않고 "궁중엔 왜 막걸리가 없냐"고 물어 왕비가 친정집 노비로부터 구해다 바쳤다는 이야기도 전해 내려온다.

다른 술들이 그랬던 것처럼 서민의 술 막걸리도 약으로 쓰인 기록이 있다. 선조 33년(1600) 6월 26일, 왕비의 병을 고치기 위해 지어 올린 약 처방을 보자.

내전의 증후가 오래도록 낫지 않으므로 신들은 민망스럽고 염려됨을 견딜 수 없습니다. 의관들과 상의했더니 양혈지황탕에 시호 지모 각 1돈, 조금말 복신 각 5푼, 생강즙에 볶은 황련, 막걸리에 씻은 원입 생지황과 감초 각 3푼, 막걸리에 달인 원입 건지황, 물에 탄 강즙 한 순갈, 죽력 세 순갈을 함께 넣어서 약을 지음이 마땅하다고 합니다. 이 약을 네 차례 드시도록 지어 올리게 하는 것이 어떠하겠습니까?

또한 막걸리를 즐겨 마신 왕이 철종만은 아닌 기록도 있다. 천하의 연산군은 여기서도 빠지지 않는다. 1504년 1월 그가 지은 막걸리 찬가가 「연산군일기」에 남아 있다.

    참새는 가지를 다투다가 떨어지고
    나는 벌레도 정원에 가득히 노니고 있네
    막걸리야 너를 누가 만들었더냐
    한잔으로 천 가지 근심을 잊어버리네

다가오는 광란의 시대를 예감해서인가? 막걸리에 취해 지은 연산군의 시가 1506년의 기록에도 남아 있다.

    초록 돋는 막걸리 빛과 맛이 어울려
    잔 안엔 언제나 풍성한 봄
    은혜를 생각해 실컷 마시렴
    올바르고 삼가매 후대하는 거니

전(全)씨, 옥(玉)씨, 전(田)씨가 모두 한 가족인 이유

태조 6년(1398) 12월 1일 백안·연금·금만이라는 세 명의 남자가 형조로 끌려가 신문을 당하고 목을 잘렸다. 이들은 본시 왕씨인데 성과 이름을 바꾸고 서울을 배회하다 잡힌 것이다. 왕씨라는 이유로 죽음을 당한 사람은 이들이 처음은 아니다.

왕족에서 한꺼번에 죄인으로 몰락한 왕씨들 가운데 신세를 한탄하거나 세상을 원망한 사람은 당연히 있었을 것이다. 그러나 『조선왕조실록』 어디에도 왕씨 일족들이 이씨 세상을 뒤엎기 위해 모반했다는 기록은 찾을 수 없다. 그런데도 이성계가 왕에 오른 뒤 많은 신하들이 왕씨 일족을 완전히 제거해 후환을 없애야 한다는 상소를 여러 차례 올렸다. 새 왕조가 들어서자 갑자기 '충신'이 많아진 것이다. 태조 이성계는 처음에는 이들 '충신'들의 말을 듣지 않았다. 그러다가 계속되는 상소에 못이겨 타협하고 만다.

태조 1년(1392) 7월 20일 이성계는 "정양군 왕우와 그의 아들 조와 관은 앞으로 고려 왕조의 제사를 받들게 할 것이니 논하지 말고, 그 나머지는 모두 강화와 거제에 나누어 살게 하라"고 명령한다. 그러나 충성을 과시하고 싶은 자들은 많았고 왕씨에 대한 탄압은 차츰 강화되었다. 1394년 4월 거제도와 강화도에 있던 왕씨 일족들은 일련의 '충신'들에게 제주도 앞바다와 강화 나루에서 수장되었다. 여기에다 왕까지 나섰다. 곧 중앙과 지방에 명령해 남은 왕씨의 자손을 세밀하게 수색해 이들을 모두 목 베었다.

지은 죄를 깨달아서인가? 같은 해 7월 태조 이성계는 금으로 법화경 4부를 써서 각 절에 나누어 두고 때때로 읽도록 지시했다.

1395년에는 왕씨라는 성을 쓰지 못하게 했으며, 고려 왕조의 후손이 아닌 왕씨는 어머니의 성을 따르게 했다. 법적으로 왕씨는 존재할 수 없게 됐다. 이때 왕씨들이 신분을 감추고 도망가 살면서 전(全)씨, 옥(玉)씨, 전(田)씨 같은 성을 만들어 썼다고 한다. 이른바 조선 시대의 창씨개명이었던 셈이다.

이성계는 신라 왕족의 후손이었다

　마태복음은 이렇게 시작한다. 아브라함이 이삭을 낳고 이삭은 야곱을 낳고 야곱은 유다와 그의 형제를 낳고……. 우연의 일치인지 「태조실록」 총서도 이렇게 시작한다. 이한은 이자연을 낳고 이자연은 이천상을 낳고 이천상은 이광휘를 낳고…….
　「태조실록」 총서에 따르면 전주 이씨인 이성계 가문의 시조는 이한이다. 신라에서 벼슬을 한 이한은 신라 태종의 10대 손자 김은의의 딸에게 장가를 가 이자연을 낳았는데 그의 20대 손자가 바로 이성계다. 그러니까 이성계는 신라 왕족의 후손인 셈이다.
　위로 4대조까지 제사를 모시는 풍습처럼, 「태조실록」은 이성계의 4대조인 고조할아버지부터 자세한 내력을 기록하고 있다. 고조할아버지인 이안사는 원래 전주에서 살았으나 관리들과 마찰을 일으켜 식솔들을 이끌고 삼척을 거쳐 고려 북동 국경 지역인 의주로 이주했다. 그 뒤 원나라에 투항해 백호라는 관리를 지냈으며 이 관직은 증조할아버지 이행리, 할아버지 이춘, 아버지 이자춘에까지 이어졌다. 이자춘 대에 와서 이씨 집안은 원나라의 고려인 차별 정책으로 지역 기반을 위협받자 이자춘이 다시 고려에 귀순해 자신의 기반을 유지했다. 그러나 손자를 잘 둔

덕에 원나라 관리를 지냈던 이들 4명은 이성계가 조선의 왕이 된 뒤 각각 목조·익조·도조·환조 따위 이름으로 왕에 추서되었다.

위화도 회군은 조선판 12·12 쿠데타

"우리 역사 가운데 1979년 전두환 장군의 12·12쿠데타와 가장 비슷한 성격의 사건은? 이런 퀴즈가 있다면 그 정답은 위화도 회군일 것이다. 전두환 장군이 대통령 자리에 오르는 데 12·12쿠데타가 결정적인 계기가 된 것처럼, 이성계 장군이 조선의 왕이 되는 데 결정적인 계기는 위화도 회군이었다. 12·12 쿠데타 이후 사실상 최고의 권력을 휘두르다가 최규하 대통령이 스스로 사퇴하고 통일주체국민회의 대의원들의 추대를 받아 전두환 장군이 대통령으로 취임하는 과정은, 위화도 회군 이후 왕보다 강력한 권력을 휘두르다 공양왕이 반납한 왕위를 이성계 장군이 추대 형식으로 계승받는 과정과 너무나 비슷하다.

신흥 명나라의 요동 땅을 정벌하기 위해 각각 우군 도통사와 좌군 도통사로 임명된 이성계 장군과 조민수 장군은 위화도에서 군사를 돌려 고려 우왕을 쫓아내고 8도 도통사 최영 장군을 제거했다. 우왕 다음의 새로운 왕으로 누구를 세울 것인가? 이성계와 조민수의 의견이 대립했으나 조민수의 뜻대로 창왕을 옹립했다. 그러나 창왕은 결국 이성계에 의해 폐위당한다. 명목상의 이유는 창왕이 요승 신돈의 자손으로 가짜 왕씨라는 것이었다. 창왕의 폐위와 함께 조민수도 실각한다. 그리고 창왕에 이어 왕위에 오른 공양왕은 왕권 보위를 위해 우왕과 창왕을 죽인다.

이성계에 의해 왕위에 오른 공양왕은 한편으론 이성계에게 기대면서, 다른 한편으론 왕보다 위세등등한 실세 이성계를 경계해야만 했다. 공양왕이 이따금 이성계의 집에서 벌어진 술판에 참석하고 '실세'가 아프면 병문안을 가야 했던 것도 이같은 사정 때문이었다.

시간이 흐르면서 초조해진 공양왕은 마침내 신하를 시켜 이성계와 동맹하기 위한 맹세문을 작성하게 했다.

> 경(이성계를 가리킴)이 있지 않았으면 내가 어찌 지금에 이르겠는가? 경의 공과 덕을 내가 감히 잊겠는가. 대대로 자손들은 서로 해치지 말 것이다.

그러나 이같은 노력도 헛일이 되었다. 공양왕이 이 맹세문을 들고 이성계의 집을 찾아가 동맹을 제안하고 있을 때, 공민왕의 정비 안씨는 이성계를 추대하는 일파의 청을 받아들여 공양왕을 폐하기로 하고 다음날인 1392년 7월 13일 이성계를 왕으로 삼는다는 교지를 발표했다. 「태조실록」은 왕대비의 교지를 무릎 꿇고 들은 공양왕의 마지막 말과 모습을 이렇게 전하고 있다.

> 공양왕이 엎드려 듣고 말했다.
> "내가 본디 임금이 되고 싶지 않았는데 여러 신하들이 나를 강제로 왕으로 세웠습니다. 내가 성품이 어리석어 일의 기틀을

알지 못하니 어찌 신하의 심정을 거스른 일이 없겠습니까?"

이 말을 마치고 마침내 울어 눈물이 두서너 줄기 흘러내렸다.

위화도 회군과 12·12쿠데타의 차이가 있다면, 위화도 회군으로 세운 왕권은 500년 동안 지속된 반면, 12·12쿠데타로 세운 권력은 약 12년 정도밖에 가지 못했다는 사실이다. 그리고 위화도 회군으로 물러난 왕은 눈물을 흘리며 변명한 데 비해, 12·12쿠데타로 물러난 대통령은 여전히 침묵하고 있다는 사실이다.

청와대보다 높은 곳은 황와대

흰 돌로 지은 미국 대통령궁을 화이트 하우스, 곧 백악관이라 부르는 것처럼, 청와대는 문자 그대로 푸른 기와로 지붕을 씌웠다고 해서 생겨난 말이다. 그런데 하필이면 청기와로 지붕을 덮었을까? 경복궁·창덕궁 같이 우리가 보는 많은 왕궁들도 검정 기와를 쓰고 있지 않은가? 이유는 단 한 가지다. 청기와가 검정 기와보다 더 고급이고 비싸기 때문이다. 세종 15년(1433) 7월 12일 왕은 말한다.

근정전 추녀 머리가 비 때문에 무너졌으니 마땅히 고쳐 덮게 해야겠는데, 청기와를 구워 만들자면 그 비용이 아주 많으므로 아련와를 구워서 덮을까 한다. 그런데 우리나라 사람들은 모든 일에 빨리 하고자 해 정밀하게 하지 못하니, 어떻게 하면 정밀하고 좋게 구워서 비가 새어 무너질 염려가 없게 하겠는가.

세종대왕도 비싸서 함부로 쓰지 못한 청기와였던 것이다. 문종이 절을 지으면서 청기와를 사용하다가 신하들의 반대로 포기한 일도 같은 사정에 따른 것이다. 정지하가 문종 앞에서 한 말을 들어보자.

청기와를 구워서 만드는 데 재력이 너무 많이 들므로, 우리나라에서는 다만 근정전과 사정전에만 청기와를 덮었을 뿐이고, 더구나 문소전과 종묘에도 덮지 못했는데, 어찌 절간에 이를 덮겠습니까?

그러나 이처럼 조선 초기의 절제하는 풍습은 차츰 무너져 갔다. 1504년 11월 연산군은 이렇게 말한다.

인정전과 선정전은 모두 청기와로 이어야 한다. 사찰도 청기와로 이은 것이 많은데, 하물며 왕의 정전이랴.
인양전과 대비 이어소를 한꺼번에 지을 것이니, 빨리 청기와로 다 만들어 이도록 하라. 또 단청을 칠할 때는 마땅히 금을 쓸 것이니, 칠하는 데 쓰일 금 10여 근을 미리 준비하라.

연산군다운 지시였다. 그러나 청기와에 관한 한 연산군보다 한 수 위인 왕이 있었으니 바로 광해군이다. 1618년 1월 8일의 「광해군일기」에 실린 대화를 들어보자.

광해군 : 중국에 사신으로 가는 통역관 방의남이 청기와와 황기와 굽는 방법을 배워왔다고 하니, 방의남에게 자세히 물어서 만들되, 사온 두 가지 색을 넣도록 하고, 사온 염초도 속히 들여와 사용하라.
영선 도감 : 방의남에게 목면 5동을 주었는데, 염초 1,500근

을 가지고 와서 바쳤습니다. 전에 다른 역관이 사온 값과 비교하면 3배나 되는 양입니다.

광해군 : 알았다. 그 염초를 가지고 빨리 청기와를 굽도록 하라. 또 방의남이 사온 양이 다른 역관이 사온 것의 세 배나 된다 하니, 상을 주도록 하라. 그리고 천추사와 성절사의 행차 때에 미리 경사(중국의 수도)로 가서 황기와 굽는 방법을 자세히 배워오게 하라.

이 대화를 기록한 사관은 한심하다는 듯 논평한다.

황기와로 대궐 지붕을 덮는 것은 천자의 제도다. 황기와는 천자가 정전의 지붕을 덮을 때 쓰는 기와로, 왕·후 이하는 분수에 지나치게 사용하지 못한다고 한다. 그런데도 왕의 사치스러운 마음이 끝이 없어 청기와를 황기와로 바꾸려고까지 해 중국에 사신으로 가는 역관에게 굽는 방법을 배워오게 했다. 또 장인에게 많은 돈을 가지고 중국에 가서 황기와 굽는 방법을 배워오게 했다. 그러면서도 스스로 분수에 지나친 죄에 빠지는 줄을 모르고 하늘을 두려워하지도 않았으니, 어찌 화를 면할 수 있겠는가.

화장실에 낙서해 『조선왕조실록』에 오른 사람

사관이 궁중에서 일하며 사초를 기록할 때 꼭 왕의 언행만을 적는 것은 아니었다. 『조선왕조실록』의 곳곳에는 신하들이 한 말은 물론이거니와 그들의 인품과 행위에 관한 사관들의 평가도 여기저기서 발견된다. 그리하여 한때 위세를 날리던 고관대작들에 대해서도 비록 면전에서 허물을 들추지 못했다 할지라도, 뒷날 실록을 작성할 때 그들에 대한 세간의 평가가 사관의 입을 빌어 기록되곤 했다. 그 가운데 재미있는 것은 화장실에 낙서한 일이 폭로된 권진의 경우다.

선조 34년(1601) 8월 13일의 「선조실록」에는 왕이, 구성을 성균관 대사성으로, 최기를 승정원 동부승지로, 박진원을 시강원 문학으로, 권진을 형조 정랑으로 임명했다는 사실을 기록하고 있다. 그런데 이 기록의 끝 부분에 형조 정랑 권진에 대한 사관의 인물평이 붙여져 있다.

권진은 반목이 심하고 사악했다. 유생일 때에 일찍이 이산해와 홍여순의 사람됨을 미워해, 산사에서 독서하면서 변소에 두 사람의 이름을 붙여 놓고는 변소에 갈 때면 반드시 그 이름을 불러 천시하고 미워하는 뜻을 나타냈다. 그러나 급제해서는 먼저 이산해에게 붙었고, 그 뒤 이산해를 배반하고 다시 홍여순에게 붙었기 때문에 사람들이 모두 침을 뱉었다.

사관에 따르면 권진은 요즘에도 흔히 볼 수 있는 아주 민첩한 기회주의자인 것 같다. 그러나 그러한 권진도 화장실에 남긴 자신의 낙서가 400여 년 뒤까지 전해질 줄은 정녕 몰랐을 것이다.

이젠 아무도 선죽교를 건널 수 없다

개성 선죽교의 본래 이름은 선지교였다. 이성계의 아들 이방원이 보낸 자객들에게 정몽주가 살해당한 뒤, 그의 선혈이 얼룩진 자리에 대나무가 피어났다고 해 그뒤 선죽교로 일컬어진 것이다. 10미터도 안 되는 이 다리를 지금은 아무도 건널 수 없다. 정몽주의 후손들이 그 죽음을 기리면서 다리의 양끝을 석재 난간으로 막고 바로 옆에 또 다른 돌다리를 세웠기 때문이다.

정몽주는 최영 장군과 함께 고려 왕실을 위해 절개를 지킨 대표적인 인물로 알려져 있다. 그러나 늘 그렇듯이 역사란 그리 간단한 것이 아니다. 최영이 친원파였던데 반해 정몽주는 친명파였다. 그래서 정몽주는 이성계의 위화도회군을 지지했으며 단지 최영을 죽일 것까지는 없다는 관점을 가졌을 뿐이다. 또 창왕을 내쫓는 데 적극적인 역할을 하진 않았지만 공양왕을 옹립하는 데는 이성계와 힘을 합하기도 했다.

정몽주는 고려 왕실의 충신이었을 뿐만 아니라 뛰어난 학자이자 행정가로서 많은 일을 했고 고려 귀족들의 신뢰와 존경을 한 몸에 받았다. 그러나 그는 초지일관해 고려 말 권문세가들의 이익을 옹호하는 관점을 가졌다. 그리하여 공민왕 이후의 각종 개혁을 반대했다. 귀족들의 토지를 몰수하는 토지제도 개혁과 노비를 양인으로 만드는 노비 제도 개혁에도 앞장서서 반대했다. 이 일로 그는 고려 말 조선 초의 개혁가인 정도전과 라이벌 관계를 이루었다. 왕보다 더한 권세를 휘두르던 이성계가 정몽주를 경계하면서도 함부로 다루지 못한 것도 그가 고려 말의 권문세가들을 실제로 대변하는 이론가였기 때문이다.

고려 왕실의 위기를 직감하면서 때를 엿보던 정몽주는, 이성계가 지방에서 사냥하다가 말에서 떨어져 드러눕자 거사를 모의했다. 이를 간파한 이방원이 서둘러 이성계를 개성으로 돌아오게 하자 정몽주는 병문안을 핑계로 정세를 엿보기 위해 이성계의 집을 방문했다. 이때 이방원이 정몽주를 유혹하기 위해 술을 대접하며 읊은 시가 바로 「하여가(何如歌)」며, 정몽주의 답가가 바로 「단심가(丹心歌)」였다.

> 이런들 어떠하리 저런들 어떠하리
> 만수산 드렁칡이 얽어진들 어떠하리
> 우리도 이같이 얽어져 백 년까지 누리리라
>
> 이 몸이 죽고 죽어 일백 번 고쳐 죽어
> 백골이 진토 되어 넋이라도 있고 없고
> 임 향한 일편단심이야 가실 줄이 있으랴

「단심가」는 이방원이 결단을 내리게 만들었다. 이때 이미 정몽주는 정도전이 공양왕 즉위를 반대했다고 상소해 신문을 받게 하는 따위로 이성계 일파를 위협한다고 판단하던 터였다. 이성계는 정몽주를 죽이자는 이방원의 제안을 두 번이나 거절했다. 「태조실록」은 정몽주를 죽였노라고 보고하는 이방원과 이성계의 대화를 이렇게 기록하고 있다.

이성계 : 우리 집안은 충효로써 세상에 알려졌는데, 너희들이 마음대로 대신을 죽였으니, 사람들이 내가 이 일을 몰랐다고 여기겠는가? 부모가 자식에게 경서를 가르친 것은 그 자식이 충성하고 효도하기를 원한 것인데, 네가 감히 이렇게 불효한 짓을 하니, 내가 사약을 마시고 죽고 싶은 심정이다.
이방원 : 몽주를 비롯한 이들이 장차 우리 집을 모함하려고 하는데, 어찌 앉아서 망하기를 기다리는 것이 맞겠습니까? '몽주를 살해한' 이것이 곧 효도가 되는 까닭입니다.

정몽주의 나이 56살 때의 일이었다.

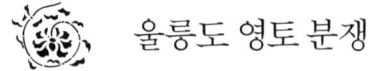 울릉도 영토 분쟁

오늘날 한일 양국 사이에 독도가 누구 땅이냐는 논란이 계속되고 있는 것처럼 조선 시대에는 울릉도가 누구 땅이냐는 논란이 있었다. 17세기 말에 있었던 울릉도 영토 분쟁은 조선의 판정승으로 끝났다. 그러나 울릉도의 역사를 살펴볼 때 처음부터 이 논쟁은 일본의 억지가 아니었으면 논쟁거리도 될 수 없는 일이었다.

「세종실록」 지리지에 따르면 이 섬은 신라 때에는 우산국 또는 울릉도라 일컬어졌다. 오래 전부터 사람이 살았는데, 사람들이 지형이 험하여 따르지 않으므로, 지증왕 12년에 이사부가 이 섬을 복속시켰다. 고려 의종 13년에 심찰사 김유립이 돌아와서 보고했다.

> 섬 가운데 큰 산이 있는데, 산꼭대기에서 동쪽의 바다까지 1만여 걸음이고, 서쪽으로 1만 3천여 걸음이며, 남쪽으로 1만 5천여 걸음이고, 북쪽으로 8천여 걸음이다. 마을의 터가 7곳이 있고, 이따금 돌부처 쇠북 돌탑이 있으며, 멧미나리 호본 석남초 따위가 많이 난다.

태종 7년(1407) 3월 16일에는 일본 국왕과 사이가 멀어진 대마도 수호 종정무가, 사신을 보내 공물을 바치면서 울릉도에 옮겨 살기를 청했다. 자신을 따르는 여러 마을이 울릉도로 이주할 수 있게 허락해 달라는 것이다. 일본과 외교 마찰을 우려한 태종은 이 요청을 받아들이지 않았다. 또 태종 12년(1412) 4월 15일에는 울릉도 사람 12명이 동해안 고성 어라진에 정박해 울릉도 사정을 들려주었다.

우리들은 무릉도(울릉도)에서 나서 자랐는데, 그 섬에는 모두 11가구에 60여 명의 남녀가 살고 있습니다. 이 섬은 동에서 서까지, 남에서 북까지가 모두 이틀 거리이고, 둘레가 8일 거리입니다. 소와 말과 논이 없으나, 오직 콩 한 말만 심으면 20 30섬이 나고, 보리 1섬을 심으면 50여 섬이 납니다. 대나무가 마치 큰 서까래 같고, 과일 나무도 있습니다.

그러나 조선의 조정에서는 울릉도를 사람들이 평화롭게 살고 있는 조그만 섬으로 여기지 않았다. 이 섬은 나라의 행정력이 미치지 않는 먼바다 가운데에 있기 때문에 군역을 피하려는 사람들이 도망해 들어가기도 했다. 실제 고려 시대에는 방지용이란 사람이 15가구를 거느리고 이 섬에 들어가 살면서 왜구인 것처럼 속이고 해적질을 한 적도 있었다. 그 무렵 조정에서 중요하게 생각하던 더 큰 문제는 "만일 이 섬에 거주하는 사람이 많으면 마침내 반드시 왜적이 들어와 도둑질하고, 이를 발판으로 강원도를 침범할" 가능성이었다.

그리하여 태종 3년(1403)부터 울릉도의 주민을 육지로 나오도록 명령했고, 태종 16년(1416) 9월 2일에는 김인우를 울릉도 안무사로 파견했다. 그러나 조정의 여론이 모두 이러한 방침에 동조한 것은 아니었다. 1417년 2월 18일의 「태종실록」에 따르면 신하들 다수의 의견은 "울릉도의 주민을 내쫓지 말고 곡식과 농기구를 주어 생업을 안정시키자. 그리고 관리를 파견해 그들을 위로하고 달래 세금을 부담하게 하자"는 것이다. 그러나 오직 공조판서 황희만 반대했다. 그들이 이제까지 각종 부역을 피해 편히 살아온 사람들이기 때문에 세금을 거두면 반드시 싫어할 것이니 내쫓아야 한다는 것이다. 왕도 황희의 의견에 동의했다.

결국 세종 7년(1425) 10월 20일 안무사 김인우가 울릉도를 수색해 주민 20명을 잡아 왔다. 이때 김인우는 두 척의 배로 울릉도에 갔는데 그 가운데 한 척이 전복되어 해군 46명이 물에 빠져 죽은 사건도 일어났다. 보고받은 세종대왕의 반응이 재미있다. 「세종실록」을 보자.

"김인우가 20여 명을 잡아왔으나 40여 명을 잃었으니 유익한 것이 무엇이냐. 이 섬에는 별다른 특산물도 없으니, 도망해 들어간 이유는 단순히 부역을 면하려 한 것이로구나."

예조참판 김자지가 아뢰었다.

"지금 잡아 온 도망갔던 백성에게 법대로 죄를 묻기 바랍니다."

그러자 임금이 말했다.

"이 사람들은 몰래 다른 나라를 따른 것이 아니요, 또 금지령 이전에 어긴 것이니 새로 죄를 묻는 것은 안 된다."

그리고 임금은 곧 병조에 명을 내려 이들을 충청도의 깊고 먼 산중 고을로 보내 다시 도망하지 못하게 하고, 3년 동안 거주하게 했다. 그 뒤로는 울릉도에 허가 없이 들어간 이는 모두 교수형에 처하도록 했다. 그러나 세종 20년(1438)에도 울릉도에서 남녀 66명을 '포획' 했다는 기록으로 보아 토지가 비옥하고 살기 좋은 이 섬을 찾는 사람들이 끊이지 않았던 모양이다.

울릉도가 다시 문제의 섬으로 등장한 것은 1693년으로 안용복이라는 용감무쌍하고 기지가 번득이는 한 '민간인' 때문이었다.

1693년 봄에 울산의 어부 40여 명이 울릉도에 배를 댔는데, 마침 들이닥친 일본 사람들이 안용복 박어둔 2명을 잡아가 버렸다. 그러나 일본 본토로 끌려간 안용복은 오히려 울릉도가 조선 땅임을 설득해, 이를 확인하는 일본의 공문과 조선에 보내는 공물을 받아 냈다. 그런데 안용복은 돌아오는 길에 대마도에서 이 공문과 공물을 강제로 빼앗기고 오히려 포로로 잡혀 조선에 보내졌다. 그리하여 같은 해 겨울에 대마도에서는 사신 다치바나 신주에게 안용복을 거느려 보내게 하고는, 조선 사람들이 울릉도에서 고기 잡는 것을 금지하기를 요청했다. 대마도 도주의 편지는 이렇게 적고 있다.

귀 나라(조선)의 바닷가에 고기 잡는 백성들이 해마다 본국(일본)의 죽도(竹島 : 그 무렵 일본인들이 울릉도를 일컫던 말)에 배를 타고 왔기 때문에 우리가 다시 와서는 안 된다는 것을 굳이 알렸습니다. 그런데도 올 봄에 어민 40여 명이 죽도에 들어와서 어수선하게 고기를 잡으므로, 우리 관리가 그 가운데 2명을 잡아 두고서 한동안 승거로 삼으려고 했습니다.

이제 이들 어민을 고향에 돌려보내도록 했으니, 지금부터는 저 섬에 절대로 배를 대지 못하도록 조치해, 두 나라의 친분에 틈이 생기지 않도록 하십시오.

조선의 조정에서는 대마도 도주의 서신에 답장을 보냈다.

우리나라에서는 어민을 단속해 먼바다에 나가지 못하도록 했으며, 또한 우리나라의 울릉도에도 아득히 멀리 있다는 이유로 마음대로 오가지 못하게 했습니다. 하물며 그 밖의 섬이야 어떻겠습니까? 지금 이 어선이 감히 일본 국경 안의 죽도에 들어갔으나, 번거롭게 이 사람들을 보내 주고 멀리서 편지로 알려 주니, 이웃 나라와 교제하는 두터운 정을 실로 기쁘게 느끼는 바입니다. 바다 백성이 고기를 잡아서 생계로 삼으니 물에 떠내려가는 근심이야 있겠지마는, 국경을 넘어 깊숙이 들어가서 어수선하게 고기를 잡는 것은 법으로도 마땅히 엄하게 징계해야 할 것입니다. 그러므로 지금 범인들을 법률에 따라 죄를 벌하게 하고, 앞으로는 법을 엄하게 제정해 연안 지방에 이를 집행하도록 할 것이오.

묘한 답장이었다. 울릉도는 우리 땅이라는 것을 밝히면서도 동시에 "당신들이 말하는 죽도는 어디 있는지 몰라도 당신네 땅인 모양인데 그곳으로 조선 사람들이 가지 못하도록 하겠다"는 뜻이었다.

사신 다치바나 신주는 당장 반응을 보였다. 조선의 회답 편지 가운데 '우리나라의 울릉도'라는 말이 왜 들어가냐는 것이다. 이 말을 빼고 그냥 죽도 문제만 다루라는 요구를 해 왔다. 조정에서 버티자 다치바나 신주는 마침내 대마도로 돌아갔고, 울릉도에 배를 정박했던 사람은 처벌을 받았다. 숙종 20년(1694) 2월 23일자 「숙종실록」은 조정의 이같은 일 처리 방식에 대한 사관의 통렬한 비판을 싣고 있다.

왜인들이 말하는 죽도란 곳은 곧 우리나라의 울릉도다. 울릉이란 이름은 신라 고려의 역사책과 중국 사람의 문집에 나타나 있으니 그 유래가 가장 오래되었다. 섬 가운데 대나무가 많이 나기 때문에 죽도란 이름 또한 있지마는, 실제로 한 섬에 두 개의 이름이 있는 셈이다. 왜인들은 울릉이란 이름은 숨기고 다만 죽도에서 고기 잡는다는 이유를 구실 삼아, 금지하겠다는 우리나라의 회답을 받은 뒤에 곧바로 위의 편지를 가지고서 울릉도를 점거하려는 의도인 것이다. 아! 나라의 강토는 남에게 줄 수 없으니 명백히 가리고 엄격히 물리쳐서 교활한 왜인이

다시는 마음을 먹지 못하도록 해야 한다. 그런데도 빈틈없고 신중한 것이 지나쳐 단지 견제하려고만 했다. 이것이 이웃 나라에 더욱 약점으로 보였으니, 애석함은 이루 말할 수 없다.

아니나 다를까. 사관이 염려한 대로 같은 해 8월 14일 대마도 도주의 2차 편지가 노착했다. 전에 보낸 조정의 답변서는 아예 반송되어 왔다. 2차 편지는 이렇게 적고 있다.

> 우리 편지에는 일찍이 울릉도를 언급하지 않았는데, 답변서에는 갑자기 '울릉' 두 글자를 거론했습니다. 이는 알기 어려운 바이니 오직 삭제하기 바랍니다.

그 말에 따라 앞의 답장을 고치자는 의견도 있었다. 그러나 반대가 더 많았다.

> 이미 국가의 공식 서한으로 사신에게 부쳤는데, 어찌 감히 다시 와서 고치라고 요청할 수 있습니까? 이를 꾸짖으면서 "죽도는 곧 우리 울릉도다. 우리나라 사람이 가는 것이 어찌 국경을 넘어간 것인가?"라고 한다면, 왜인들이 할 말이 없을 것입니다.

결국 1차 답변서를 다음과 같이 고쳐서 강경한 태도를 밝히도록 했다.

우리나라 강원도의 울진현에 속한 울릉도란 섬이 있는데, 동해 가운데 있고 파도가 험하고 사나워 뱃길이 편하지 못합니다. 이 때문에 몇 해 전에 백성을 옮겨 땅을 비워 놓고, 수시로 관리를 보내 왔다갔다하며 순찰하도록 했습니다. 이 섬은 우리나라의 『동국여지승람』이란 책에도 실려 있어, 역대에 전해 오는 곳이 분명합니다. 이번에 우리나라 해변의 어민들이 이 섬에 갔는데, 뜻밖에도 귀 나라의 사람들이 멋대로 침범해 와 서로 맞부딪치게 되자, 도리어 우리나라 사람들을 끌고서 에도까지 잡아갔습니다. 다행히 귀 나라의 대군이 분명하게 사정을 살펴보고서 넉넉하게 노자를 주어 보냈으니, 이는 이웃 나라와 교분이 보통이 아님을 알 수 있는 일입니다. 높은 의리에 탄복했으니 그 감격을 이루 다 말할 수 없습니다.

그러나 우리나라 백성이 고기잡이하던 땅은 본디 울릉도로서, 대나무가 생산되기 때문에 더러 죽도라고도 했습니다. 이는 곧 하나의 섬을 두 가지 이름으로 부른 것입니다. 하나의 섬을 두 가지 이름으로 부른 상황은 단지 우리나라 책에만 기록된 것이 아니라 일본 사람들 또한 모두 알고 있는 것입니다. 그런데 이번에 온 서신 가운데 죽도를 귀 나라의 지방이라 해 우리나라의 어선이 가는 것을 금지하려고 했고, 귀 나라 사람들이 우리나라 국경을 침범해 와 우리나라 백성을 붙잡아 간 잘못은 논하지 않았으니, 어찌 문제 있는 조치가 아니겠습니까? 깊이 바라건대, 귀 나라의 국경 해안 사람들을 거듭 단속해 울릉도에 오가며 다시 분쟁을 일으키는 일이 없도록 한다면, 서로 좋게 지내는 의리에 이보다 다행함이 없겠습니다.

일본 사신 다치바나 신주는 답변서를 보더니 '침범해 오다'와 '붙잡아 갔다' 같은 어구를 고치기를 청했으나, 조정은 들어주지 않았다. 다치바나 신주는 또 일본의 2차 서신에 대한 답장도 따로 요구했다. 그는 집요했다. "하나의 섬이 두 가지 이름으로 되어 있는 실상은 다만 우리나라 책에 기록되어 있을 뿐만 아니라, 일본 사람들 또한 모두 안다"면 처음의 답변서에는 왜 죽도를 일본 땅이라고 했느냐는 것이다.

조선의 조정이 트집 잡힐 실수를 했지만 다치바나 신주의 논리에도 무리가 많았다. 그런데도 그는 '사명감'이 어떤 것인지를 처절하게 보여주었다. 자신의 요구가 받아들여지지 않자 그는 2년 동안 왜관에 머무르며 반드시 요구를 달성하려고 노력했다. 그래서 자신이 사신의 임무를 다하지 못했다는 이유로 조정에서 전례에 따라 공급하는 물품을 전혀 받지 않았다. 그리하여 해진 옷을 입고 밥을 구걸해 먹으며 이루 헤아릴 수 없는 고초를 겪었지만, 끝내 태도를 바꾸지 않았다. 그는 바다를 건너 귀국할 때, 조정에서 대마도로 보낸 쌀 1,860섬과 조정의 답변서를 동래부로 돌려보내고 떠났다.

다치바나 신주가 대마도로 돌아간 이듬해인 숙종 22년(1696) 9월 25일 안용복은 다시 체포되어 비변사의 신문을 받았다. 금지 구역인 울릉도에 또 들어갔다는 죄명이었다. 사실 안용복은 1694년 대마도에서 조선으로 돌아온 뒤로 그동안 조정과 대마도 사이에 울릉도에 대한 논란이 벌어진 사실을 알 수 있는 위치에 있지 않았다. 그는 평범한 어부였던 것이다. 그러나 그가 1696년 해산물이 많은 울릉도로 다시 들어갔을 때 그는 또 왜인들과 부닥뜨리게 되었다. 「숙종실록」에 나오는 그의 말을 들어보자.

> 울릉도에 들어가니 왜선이 많이 와 정박해 있어서 뱃사람들이 모두 두려워했습니다. 제가 앞장서서 "울릉도는 원래 우리 땅인데, 왜인이 어찌 감히 국경을 넘어 침범했는가? 너희들을 모두 잡아서 묶어야겠다"고 말하고 뱃머리로 나아가 큰소리로 꾸짖었습니다. 그랬더니 왜인이 "우리들은 원래 송도에 사는데 우연히 고기잡이하러 나왔다. 이제 그곳으로 돌아갈 것이다"고 했습니다. 그래서 제가 "송도는 자산도로서, 그것도 우리나라 땅인데 너희들이 감히 거기에 사는가?" 했습니다.
> 이튿날 새벽에 배를 몰아 자산도에 갔더니, 왜인들이 막 가마솥을 걸어 놓고 고기 기름을 끓이고 있었습니다. 제가 가마솥을 몽둥이로 쳐서 깨뜨리고 큰 소리로 꾸짖었습니다. 그러자 왜인들이 짐을 거두어 배에 싣고서 돛을 올리고 돌아가길래 제가 곧 배를 타고 뒤쫓았습니다. 그런데 갑자기 광풍을 만나 표류해 옥기도(독도에서 남동쪽으로 150킬로미터 떨어진 섬)에 이르렀습니다. 도주(島主)가 제게 들어온 까닭을 묻길래 이렇게 말했습니다.
> "몇 해 전에 내가 이곳에 들어와서 울릉도 자산도를 조선의

영토로 정하고, 관백의 확인서까지 받았다. 그런데 이 나라에는 도대체 법도가 없어서 이제 또 우리 국경을 침범했다. 이것이 무슨 도리인가?"

그는 마땅히 백기주에 사람을 보내 알리겠다고 했으나, 오랫동안 소식이 없었습니다.

제가 분을 참지 못해 배를 타고 곧장 백기주로 가서 "나는 울릉도 자산도 두 섬의 세금 감독관인데, 앞으로 사람을 시켜 일본 본토에 통고하려고 한다"고 꾸며댔습니다. 그랬더니 그 섬에서 사람과 말을 보내 맞이하므로, 저는 푸른 색 무관 제복을 입고 검은 갓을 쓰고 가죽신을 신고 가마를 타고 다른 사람들도 모두 말을 타고서 그 고을로 갔습니다. 저는 도주와 대청 마루 위에 마주 앉고 다른 사람들은 모두 계단에 앉았습니다. 도주가 "어찌해 들어왔는가?" 묻길래 제가 이렇게 답했습니다.

"전날 두 섬의 일로 확인서를 받아 낸 것이 명백한데, 대마도의 도주가 이 공문을 빼앗고는 중간에서 위조하는 따위로 법을 어겨 함부로 침범했다. 그러므로 내가 앞으로 관백에게 상소해 죄상을 두루 말하려 한다."

그러자 도주의 아비가 간곡히 부탁했습니다.

"이 상소를 올리면 내 아들이 반드시 무거운 죄를 얻어 죽게 되니 바치지 말기 바랍니다."

그래서 제가 관백에게 올리지는 않았으나, 전날 국경을 침범한 왜인 15명을 적발해 처벌했습니다.

조선의 조정은 이번에는 안용복의 처벌 문제로 논란에 휩싸였다. 울릉도에 들어간 일이며, 공직을 사칭한 것이 죄목으로 지적되었다. "안용복의 일은 아주 놀랍지만 국가에서 못 하는 일을 그가 잘 해냈기 때문에, 공로와 죄과가 서로 덮을 만하니 쉽게 벌 줄 수는 없다"는 주장도 있었다.

안용복의 행동을 처벌하지 않으면 조정에서 부추겼다는 오해를 받을 수 있다는 지적도 있었다. 이제까지 일본 본토와는 대마도를 통해 교류해 왔는데, 안용복이 개척한 루트로 본토와 직거래가 가능해졌으니 그 공도 인정해야 한다는 점도 지적했다. 무엇보다도 "대마도의 왜인이 울릉도를 죽도라 거짓 칭하고, 일본 국왕의 명령이라고 거짓으로 핑계 대어 우리나라 사람들이 울릉도에 오가는 것을 금지하게 하려고 중간에서 속여 농간을 부렸다. 이제 그 과정이 안용복 때문에 죄다 드러났으니, 이것 또한 유쾌한 일이다"는 여론이 높았다.

조정에서 논란을 계속하던 가운데 1697년 2월 대마도 도주는 일본 관백의 명령으로 왜인들의 울릉도 왕래를 금지한다고 통보해 왔다. 이제 조정도 "왜인의 기를 꺾어 굴복시킨 것은 안용복의 공"임을 인정했다. 동시에 조정은 자신의 권위와 체면도 세우려 했다. 그리하여 숙종 24년(1697) 3월 27일 왕은 안용복에게 사형을 면제하고 유배 보내도록 명령했다.

말 그대로 울릉도는 '버려진 땅'이었다. 국가의 통치력이 채 미치지 못하는 땅이 있으면, 경우에 따라 그곳은 다른 지역의 '통치'에 나쁜 영향을 미칠 수 있다는 판단에 따라 일부러 '비워 둔 땅'이 되기도 했다.

오늘날의 독도 문제와 마찬가지로 울릉도는 일본과의 영토 분쟁이 벌어지면서 중요하게 생각되기 시작했다. 그러나 군부대를 주둔시키자는 제안이나 감독관을 파견해야 한다는 주장은 현실의 어려움으로 받아들여지지 못했다. 대신 2년에 한 번씩 국가에서 순찰하도록 했으나, 그나마도 순번제로 임무를 맡았던 동해안의 각 행정 기관에서 어려움을 호소하여 유야무야되었다. 조선 후기에는 인삼 농사가 잘 된다는 소문으로 울릉도는 다시 각광받았다.

울릉도를 '사람 사는 땅'으로 만든 것은 국가의 법률이나 정부의 시책이 아니었다. 끈질긴 삶의 본능이었다. 그리고 안용복과 같은 상식을 가진 인간들의 용기였다. 한편 울릉도를 죽도라고 부르면서 자기네 땅이라고 우겼던 일본인들은 요즘에는 독도를 죽도라고 부르면서 자기네 땅이라고 우기고 있다.